「尚友ブックレット」第三号　―目次―

【解題】

社団法人尚友倶楽部
常務理事　阪谷　芳直

一

今回「尚友ブックレット」（憲政資料シリーズ）第3号として、尚友倶楽部が取り上げたのは、明治外交史に名をとどめる外交界の古老である秋月左都夫が、昭和十六年に、東京日日新聞・大阪毎日新聞が「征韓論の真相と其の影響」の題で募集した「徳富蘇峰賞」懸賞論文に、既に八十四歳の老齢であったにも拘らず、自ら筆をとって応募し、見事第二席に選ばれたという珍しい論文である。この論文は、第一席に入選した菊田貞雄氏の論文と合わせて『征韓論の真相と其の影響』の題名で東京日日・大阪毎日両新聞社から、太平洋戦争勃発の僅か一週間前の昭和十六年十二月一日に出版された。こうした時期に出版されたためか、開戦直後の勝利を謳歌する国民全体の熱狂的雰囲気のなかで、本書は、それほど世人の評価も受けるに至らずして、埋れてしまったのではなかろうか。

しかし、徳富蘇峰翁は、本書に附した跋文「本書出版について」（全文を現代仮名遣いに改め、本「解題」の末尾に掲げる）のなかで、「本書は……従来のこの種の著述に比すれば、少なくともその観察は公平且つ周到にして、その判断は穏健且つ中正に近しというべし。本社がこれを採録して世に問わんとするは、寔にその要を得たりといわねばならぬ。」と述べ、また、「所謂『征韓論』の真相は、……歴史上大なるifの字を冠すべき、史上の大疑案にして、今後も更にこの問題に向って、その史識と史筆とを試むる者あるべきは、予が切に大望するところである。然もその場合においても、本書は実にその安全なる案内書の一たるべきは、予が敢えて明言するところである。」とも述べている。蘇峰翁の言に徴しても、本書に収録された両論文は、もう一度取り上げるに値するものといってよいであろう。

菊田貞雄の論文は本書の七五パーセントを占める二四〇頁に及ぶ大作であるので、ここでは量的にも「尚友ブックレット」に相応しい秋月左都夫翁の論文を取り上げることとしたのである。

幸いにして私は本書を今日まで所蔵して来たので、その中の秋月論文を底本に使用することを得た訳であるが、私が本書を入手し得た経緯には、私個人として特別の思い出を持つので、私事ながらここに記すことを許して頂こうと思う。

私の母方の曾祖父三島通庸の長女園子、次女峰子の二人は、ともに外交官たる秋月左都夫と牧野伸顕に嫁したが、昭和十七年一月十八日——それは太平洋戦争開幕直後で日本中が緒戦の勝利に酔い痴しれていた時期である——に、三島家側の親類一同が渋谷区松涛の牧野伸顕邸に集まり、八十歳を越えた秋月左都夫、牧野伸顕の二人のご老体を慰めようという企てがなされ、私の母たちのジェネレーションを中心に五十人以上の人間が参加した。牧野伯は、東大法学部の学生であった私を側に引き寄せて、岳父三島通庸のこと、実父大久保利通のこと、或いは伊藤博文のことなど、広範囲に亘る話を思い出づるままに楽しげに続けられた。秋月氏は、若い時から参禅した人であるためか脱俗的な人柄で、会合の途中で飄々と消えてしまい一同あっけにとられたが、その後、牧野伯は私に向ってこういわれた。

「秋月さんはネ、最近『日日新聞』の懸賞に応募して征韓論に関する論文を出されてネ、佳作となり、それが本になって出版されたんだよ。私ははじめ同名異人かと思ったが、秋月さん自身だったのには驚いた。偉いもんだ。」

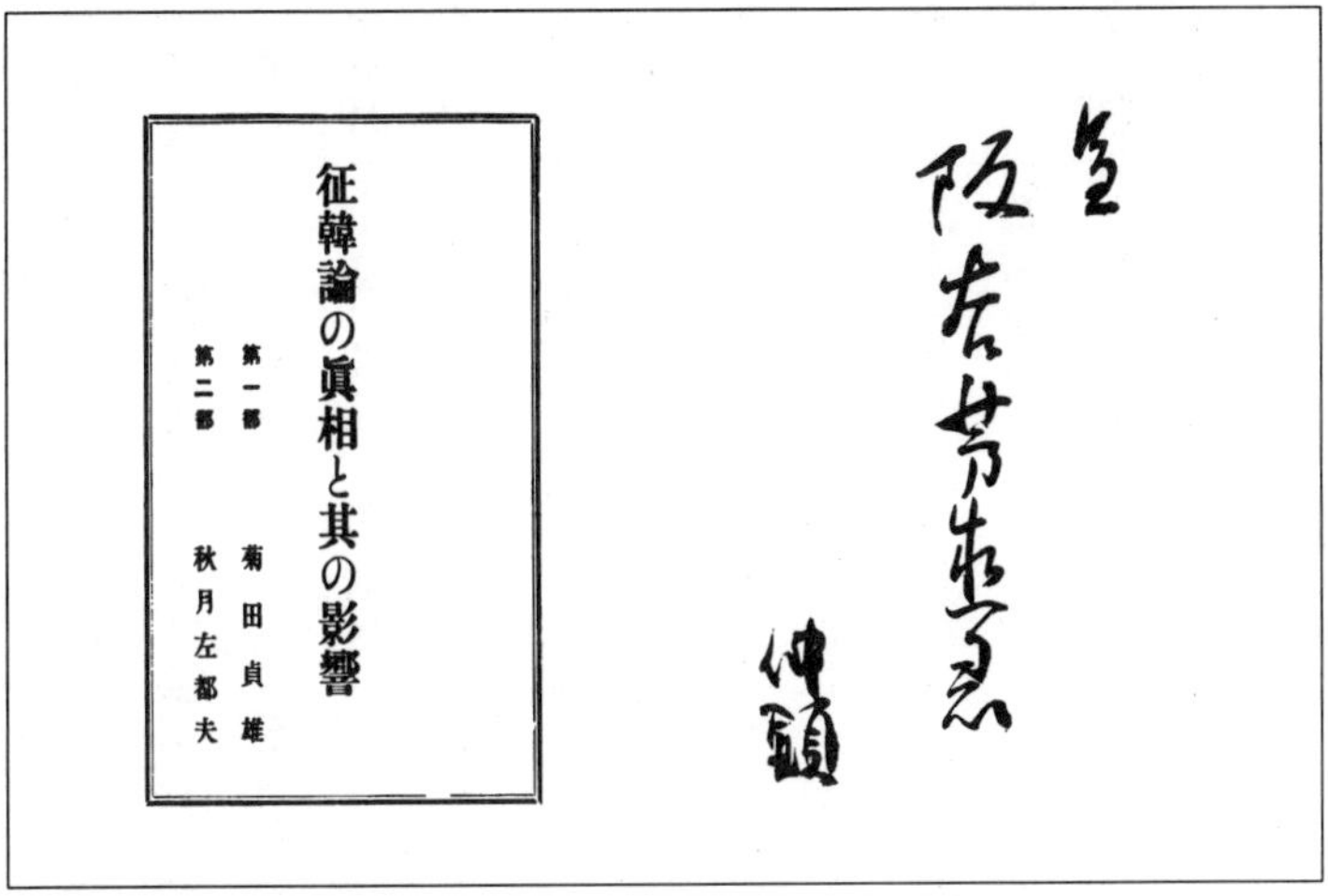

それから間もなく、牧野伯から小包が届いたので開いてみると、前記の『征韓論の真相と其の影響』で、見返しには墨痕淋漓と「呈　阪谷芳直君　仲顕」と記されていた。爾来私は本書を秘蔵して来た次第である。

「徳富蘇峰賞」は、蘇峰翁がその著書『昭和国民読本』の印税収入から東京日日新聞・大阪毎日新聞に寄付した一万円をもって設定された。東日・大毎は、日本歴史、東洋史に関する懸賞論文を広く一般から募集し、入選作に蘇峰賞を贈呈することとし、第一回の懸賞論文として「征韓論の真相と其の影響」の題目を決定して、昭和十四年八月にこれを発表、翌昭和十五年二月十八日の紙上に具体的な応募規定等を示して本懸賞論文の募集を行った。東日・大毎が「征韓論は明治政府成立草創第一に逢着した歴史的大事件で、その後に及ぼせる影響大なるものあり、今日これを再検討し真相を闡明することは、時局多端の際、歴史論文の好題目たるを失わず」として、一般の人びとに揮って応募してほしいと呼びかけたこの懸賞論文は、四百字詰め原稿用紙二五〇枚以内、提出期限を五月三十一日とし、審査員には尾佐竹猛、渡辺幾治郎、辻善之助、白柳秀湖という当代一流の史家四名が当り、入選作には賞金二千円（現在の貨幣価値をもってすれば五百万円位に当ろうか）が贈与されるというものである。

昭和十五年五月末日で締切られた本懸賞論文への応募作品が何篇あったかについては、多数というだけで具体的数字は明らかでないが、十一月三日の明治節を選んで行われた発表においては、菊田貞雄氏の論文が入選作とされ、他に選外佳作として七名の人の論文が選ばれ、その七名の筆頭に秋月左都夫翁の名前が置かれている。（既述のごとく、東日・大毎刊行の『征韓論の真相と其の影響』には、第一部の菊田論文に次いで第二部としてこの秋月論文が収録されているのである。）この十一月三日の東日・大毎新聞紙上における入選作及び選外佳作の発表に当って、徳富蘇峰が記した「選評」を次に掲げておこう。

今回応募したる「征韓論の真相と其の影響」の懸賞論文に就ては、量に於ても、質に於ても、予想以上の好成績であった。概して云へば、各投稿者の忠実なる努力の痕跡が歴々として、其の紙面に映出されてゐる。最も喜ぶべき傾向は、凡有《あらゆ》る資料文献に注意し、其の選択取捨の如きも、大体其の要領を得るに深きものがある。

但だ余りに其の方面に力を用ひ過ごして、却て独創の研究及び意見が手薄き憾みがある。

文章も超越したる名文を見ざる代りに、また愚劣なる駄文も少い。概して平明通暢、其の述べんと欲するところを述べ、其の語らんと欲するところを語るに於て不足は少い。

事件の真相及び其の影響に就ては、概して大同小異であるが、国家の大立者たる西郷南洲其の人に就ては、未だ真相を掴み得たりと云ふことが出来ないかと思ふ。

今回の審査中にて最も意外としたるは、八十余歳たる前特命全権大使秋月左都夫翁を見出したることである。審査者の中には定めて同名異人であると信じて、其の点数を附したる後に、初めて然らざることを発見した人もある程であった。我等は翁の老ひて益々盛んにして、其の気魄の甚だ雄なるものに敬服することを此に一言して置く。

二

秋月論文は、八十余歳の老翁の筆とは思われない若々しく且つ軽妙な筆致で、且つ柔軟な思考をもって書かれており、まさに徳富蘇峰が「選評」のなかで「老ひて益々盛んにして、其の気魄の雄なるものに敬服する」と称揚している通りである。蘇峰が応募論文全体について評している「独創の研究及び意見が手薄き恨みがある」ことは、本論文についても当てはまるといい得るではあろうが、蘇峰が「本書出版について」の中で、今後史上の一大疑案たる「征韓論」の問題について更に研究を進める者にとり「〔菊田、秋月両論文から成る〕本書は実にその安全なる案内書の一たるべし」としているのは、けだし適評である。

秋月論文は、第一に明治元年から六年六月までの朝鮮問題の経過を述べ、第二に木戸孝允、柳原前光、対馬藩士大島友之丞等の征韓論を紹介し、第三に西郷等の征韓派と岩倉・大久保等の非征韓派の廟堂における丁々発止の格闘を描き、そして、三条、岩倉、板垣、副島、江藤、後藤、西郷、大久保の八名の「征韓論人物」の短評を試る、といった構成である。このなかで、第一の明治元年から六年六月に至る朝鮮問題の経過の説明は、朝鮮側の内情や考えにも気を配って比較的客観的に説明を加えてはいるが、やはり何故に朝鮮側が、日本側から見れば「箸にも棒にもかからぬ頑迷不戻な態度」としかいいようのない仕儀に及んだか、という点を解明する叙述にはなっていないと思われる。この点は、秀吉の「朝鮮征伐」まで遡る歴史的背景を抜きにしては、とうてい理解し難い点が多々あるといってよい。

そこで、私は、これらの点に関する読者の理解に資するため、《明治初年の「征韓論」に至る歴史的背景――秀吉の「朝鮮征伐」と徳川幕府成立以後の日本と朝鮮の外交関係》と題する拙稿を纏め、【附録】として末尾に添付することとしたので参照されたい。なお、この拙稿は、主として久保井規夫著『図説・朝鮮と日本の歴史――光と影』(第一巻・前近代編、第二巻・近代編)並びに「論集幕藩体制史――第一期　支配体制と外交・貿易」第八巻(対外関係と鎖国)に収められた二論文、即ち「七、幕藩制国家と外交――対馬藩を素材として」(荒野泰典)と「九、鎖国成立期日朝関係の性格」(田中健夫)に依拠し、角田房子著『閔妃暗殺』、片野次男著『李朝滅亡』等を参照しつつ纏めたものであることを断って置きたい。

本論文は、当然のことながら、旧仮名遣いで書かれているので、上梓に当り、引用されている諸種の資料を除き、本文はこれを現代仮名遣いに改め、且つ難しい漢字にルビを施したり、仮名書きにする等の処置を行った。また、本論文中に引用されている資料は、現代の読者に馴染まない文体のものが多いので、これらの引用文のほとんど総べてには、すぐ次に【 】をもって囲んだ現代語訳を附した。これらの訳に誤りがある場合は、私の責任である。

終りに、本論文の「尚友ブックレット」組入れに当っては、筆者の御子孫から転載につき御了承を頂いた。またブックレットの完成までに、元国立国会図書館憲政資料室専門調査員の桑原伸介氏からは貴重な御助言を受け、調査室の上田和子会員からは御高配を、阪谷綾子氏からは直接多大の協力を得た。これらの方々に心から感謝したい。

【附】

本書出版について

徳富蘇峰

所謂「征韓論」は、維新史の山である。慶應三年十月〔の〕将軍職辞退、大政返上以来、鳥羽、伏見の役を経、明治四年七月、廃藩置県に至って、漸く統一したる明治政府を見るに至った。

それが薩長土肥を中心として構成したるその勢力の間に、一大分解作用を出来したのが、所謂「征韓論」である。しかしてこの作用は、爾後明治史上における無数の事件を胚胎し、醗酵し、醸成し、発揮し来った。その大なるものを挙ぐれば、〔明治〕十年の役もそれである。

本書は、第一次蘇峰賞の選に当りたるものを採録したるものにして、その選者は現代の権威者なれば、今更ここに予が讃評を待つべき必要はない。従来のこの種の著述に比すれば、少なくともその観察は公平且つ周到にして、その判断は穏健且つ中正に近しというべし。本社がこれを採録して世に問わんとするは、寔にその要を得たりといわねばならぬ。

併しながら、所謂「征韓論」の真相は、これに尽きたりというべきではない。この問題は、歴史上大なるifの字を冠すべき、史上の大疑案にして、今後も更にこの問題に向って、その史識と史筆とを試むる者あるべきは、予が切に待望するところである。然もその場合においても、本書は実にその安全なる案内書の一たるべきは、予が敢えて明言するところである。

要するに、本題においてその秘鍵は、西郷南洲の何者たるを知ることである。然も南洲ほど多く世に知られて且つ知られざる者はない。本書と雖もこの一点においては、なお慊《あきた》らぬ点〔が〕少くない。思うにこの核心を掴む人は、他日必ずその人あらん。

昭和十六年五月十五日、南胃腸病院において

蘇峰迂人

征韓論の真相とその影響

秋月左都夫

―目次―

【原著掲載の筆者紹介】

筆者秋月左都夫氏は本年八十四歳、明治外交史に名をとゞめる外交界の古老である、宮崎縣士族として生れ、明治十七年司法省法學校卒業後、外務省留學生としてベルギー、ドイツに留學、領事館、公使館書記官、特命全權公使として、スエーデン、ノルウエー、ベルギーに駐剳、明治四十二年特命全權大使に親任せられた、大正九年ヴエルサイユ講和會議に使し歸來、宮内省御用掛をつとめ、その業績は顯著なものがあつた。

今は第一線を退き、讀書を唯一の趣味として世田ヶ谷、豪德寺境内の自邸に悠々自適してゐる。

序説

単に「朝鮮征伐」といえば、文禄の役たることは、誰も心得ている。即ち、秀吉の朝鮮征伐のことである。朝鮮征伐は日本歴史の固有名詞となっている。

「征韓論」もまたそれに似ている。少くも、明治政治史上の固有名詞となっている。征韓論といえば、直ちに西郷隆盛を想い出し、大久保利通が聯想される。それは西郷が参議として朝鮮問題に関係したことである。西郷は、疾うから朝鮮について考えていたに相違ないけれども、その職掌として関係したのは、明治六年（一八七三）六月十二日、朝鮮問題が閣議（当時は「朝議」といったが、解り易いように現今の称を用いた。以下この類多し）に上ったときに始って、同年十月二十五日、西郷が参議兼近衛都督を免ぜらるる旨の辞令が下ったときに終りを告げた。

今は順序として、先づ六年六月までの朝鮮問題の経過を述べねばならぬ。

一、明治六年六月までの朝鮮問題の経緯

明治元年〔一八六八〕三月二十三日、対馬藩主・宗義達に左の御沙汰書が下った。

宗対馬守

今般王政御一新、総て外国御交際の儀、朝廷に於て御取扱ひ在らせられ候に付ては、朝鮮国の儀は古より来往の国柄、益々御威信を立てさせられ候御旨趣に付、是迄の通り両国交通を掌り候様、家役に命ぜられ候。朝鮮国に対する御用筋取扱ひ候節は、外国事務補の心得を以て相勤むべく候条仰せ附けられ、尤も御国威相立ち候様尽力致すべく御沙汰候事。

但し王政御一新の折柄、海外の儀、別けて厚く相心得、旧弊等一洗致し、屹度御奉公これ有るべく候事。

【この度、王政御一新となり、総て外国との交際関係は、幕府でなく朝廷において取扱われることになったが、朝鮮国との関係は、昔から往来してきた国柄ゆえ、益々威信をもって相対する御趣旨であるので、これまで通り両国の交通を担当するよう、宗家の役目として命ぜられた。朝鮮国に対する政府の用事を扱われる際には、外国事務補の心得でもって勤めるようお言いつけがあり、最も国の威信が立つように尽力せよとの御沙汰があった。

但し、王政御一新の際であり、海外関係は、特別重要と心得て、旧来の悪習などは一掃して、しっかりと国のため力を尽くして頂きたい。】

◇◇◇◇◇◇◇◇

宗対馬守

今般幕府を廃せられ、王政御一新、万機御宸断を以て仰せ出だされ候に付ては、今後朝鮮御取扱の事件等、総て朝廷より仰せ出ださるべく候条、此旨朝鮮国へ相達すべく御沙汰候事。

【この度、幕府を廃止して王政御一新、天下の政治は、天皇の御判断によって御命令が出ることになったに付いては、今後朝鮮関係の案件等は、総べて朝廷から命令が出されることになるので、この趣意を朝鮮国に伝達せよとの御沙汰があった。】

これに対して、〔宗対馬守〕義達は意見書を提出したが、政府は義達に対して、先づもって前の御沙汰通り、それぞれ手続きを為せと命令し、義達はその年十二月その手続きを執った。これが明治時代における朝鮮問題の点火命令とも称すべきものである。

（原註）徳川幕府の初め以来、朝鮮関係の事務は、すべて対馬藩主に取扱わしむることになっていた。前記御沙汰書中に「是迄の通り云々」とあるはこのことである。朝鮮側では、東莱、釜山両府使をもって、日本関係の事務を取扱わしめていた。対馬藩はこれがため釜山に代官を置いていた。朝鮮との往復文書に館司とあるのは、この代官のことである。その代官所を「草梁公館」と称していたのは、地名によって名づけたものである。公館の敷地内には対馬の商人、職人等が定住して

いて、周囲には石垣を設け、一定の門から出入し、朝夕に開閉するきまりであった。門番は朝鮮側から置いて、開閉を掌らせたのである。「草梁公館」は元来は代官所の名であったろうが、また敷地全部の名称として通用した。また単に「和館」〔倭館〕とも称した。それがまた対馬居留地の意味ともなった。

問題の通告書は漢文であるが、今仮名文〔仮名混じり文〕に改めて左に掲げる。

日本国左近衛少将平朝臣義達、書を朝鮮国礼曹参判公閣下に奉ず。我が邦皇祚聯綿として一系相承け、大政を総攬すること二千有余歳なり。中世以降、兵馬の権、みな将家に委ね、外国交際もまた之を管せり。将軍源家康府を江戸に開くに至って亦十余世を歴たり。而して昇平の久しき流弊なき能わず。事時と乖戻す。爰に我が皇上登極し、綱紀を更張し、万機を親裁し、大に隣好を修めんと欲す。而して貴国の我に於けるや交誼すでに久し。宜しく懇款を篤くし、以て万世渝らざるに帰すべし。是れ我が皇上の誠意なり。乃ち使价を差はし以て旧悃を尋ぬ。これ希はくは照亮せよ。

明治元年戊辰十二月　日

【日本国左近衛少将平朝臣〔宗〕義達、書を朝鮮国礼曹参判〔外務次官に相当〕公閣下に奉呈する。我が国では帝位は聯綿として一系の天子が嗣ぎ、天下の政治を一手に掌握すること二千有余年に及ぶ。中世以降兵馬の権はみな武門に委任し、外国交際もまた武門がこれを管掌した。将軍源〔徳川〕家康が幕府を江戸に開くに至ってからまた十余代を経た。而して泰平の世が続くと悪弊が広まらざるを得ない。それは時代に背馳するものである。ここに我が天皇が皇位につき、綱紀のゆるみを改めて盛んにし、天下の政治を親裁し、大いに隣国と親しい交際をしたいと望んでいる。而して貴国と我が国との間においては、交誼はすでに久しいものがある。よろしく親密な交わりを篤くし、万世不変のものとすべきである。これが我が天皇の誠意である。よって使者を派遣して昔からの懇情を尋ねさせる次第である。どうかこれを明らかにして戴きたい。】

このとき、義達から送った書翰〔原漢文〕は次のごとくである。

日本国左近衛少将平朝臣義達、書を朝鮮国礼曹参判公閣下に奉ず、本朝このごろ時勢一変し、政権一に皇室に帰す、貴国にあっては隣誼固より厚し、豈に欣然たらざらんや。近く別使を差わし、顛末を具陳せり、ここに贅せず。不佞嚮に勅を奉じて京師に朝し、朝廷特に旧勲を褒めて爵を加え、官を左近衛少将に進め、更に交隣の職を命じ、永く不朽に伝え、また証明の印記を賜う。これを要するに、両国の交際益々誠信を厚うし、永遠に渝るなきは叡慮の在る所、感佩極りなし。今般別使の書翰には新印を押し、もって朝廷の誠意を表す、貴国もまた宜しく領可すべし。旧来図書を受くる事、その原由全く厚誼の存する所に出づ、則ち容易に改むべからざる者あり。然りと雖も即ちこれ朝廷の特命に係る。豈に私をもって公を害するの理あらんや。不佞情実ここに至る。貴朝幸に体諒を垂れんこと深く望む所なり。

【日本国左近衛少将平朝臣〔宗〕義達、書を朝鮮国礼曹参判公閣下に奉呈する。日本においては、このごろ状勢一変し、政権は専ら皇室の手に帰した。貴国とは隣国同士の交誼はもともと厚いものがある。どうして喜ばしくないことがあろうか。最近別に使者を派遣して、ことの顛末を詳しくのべたので、ここではくだくだしく申し上げない。不肖私は先に勅命を受けて京都に上り、朝廷は特に私の昔の勲功を褒めて身分を高め、官位は左近衛少将に進め、更に隣国交際を担当する職を命じ、これを子々孫々に伝えよとし、またこれを証明する印記を賜った。これを要するに、両国の交際がますます誠意信頼の恵みを受け、永遠に変わらないことこそ、天皇の思し召しの在るところで、勿体無い限りである。この度別の使者の携えた書翰には、新印を押し、それをもって朝廷の誠意を表した次第であり、貴国もまた了解されたい。従来〔貴国王から対馬藩主へ〕図書〔印章〕を授けられているのは、そのもとは、全く厚誼が存在することに発している。従ってその使用を容易に改めるわけには行かないものである。とはいうものの、これは朝廷の特命に依るものである。どうして「私」の立場で受けている図書の使用によって「公」の立場で受けた天皇の特命〔新印の使用〕を阻害する道理があろうか。不肖私の真心はこの通りである。貴国の朝廷が幸せにも思いやりを賜らんことを深く望むものである。】

前例に従って、右の文書は、その謄本を東莱、釜山両府使に送った。然るに文書中に先例に違う文辞があり、また印章が違っているので、そのまま取次いで政府に出すことが出来ぬから文書に対する返答としてでなく、府使の属僚が我が公館に来て、口頭で政府に取次の出来ぬ旨を述べた。それを文書にして返答したのは、翌年の十一月である。右の経過の概要は、我が閣議の議案中に記述されている。今それを借用して左に掲載する。

朝鮮国の儀は我が隣近に在りて、数百年来往来せるの故を以て、明治戊辰の歳宗対馬守に命じて、大差使（対馬からの使者を指す）を派し、旧交を修むべき旨を通じ候処、書辞印章等旧例に違へる由を以て、之を接受せざるに付（註、東莱、釜山両府が我が文書を京城政府に取次がざるを云ふ）談判数次の末、庚午二月に至り、東莱府より単簡を以て、前書中文字失体の儀を論難に及び候。其後吉岡弘毅、森山茂等に命じ、外務卿より礼曹参判（外交を掌る官と察せらる）に、外務大丞より東莱釜山両府使へ贈る所の書を齎らしめ、彼地へ赴き、両使へ面晤の儀、懇請に及び候得共、更に之を肯ぜず、僅に訓導に内謁を得るのみにて、訓導も只々新例開く可からず、以後百事、対州を以て応接せらるるに非ざれば、決して引受致す間敷旨を主張候につき、同三月、宗氏より別書契を以て、猶叉両府使へ面晤の儀、相促し候処、数月の後に至りて外務官員の是に来れるは無前の事なり、況して面接の儀は之なき旨を答へ、終に其儀も相調はず、両人は空しく二書を携へて帰り候。

同年七月廃藩の令出るに及んで、前厳原藩知事宗重正を、更に外務大丞に伍し、両国交際の事を幹すべき様命ぜられ候に付、同人より礼曹参判、東莱、釜山両府使へ宛て、国制一新の景況より廃藩置県の変革、並に外国交際の事は、一切外務省に於て之を管する由、且つ派遣せる我が使臣に面晤歓待を請ふの意等、懇々縷々陳述せる処の書札を携へ、新差使彼地へ到達の日より、訓導に応接周旋の儀を懇求すること殆んど二十回に及び候得共、病故に託し相断り、遂に其儘上京に及び候。其後、別差官下り来り候に付、前件両書の写を寄附し速に回答あらんことを求め候に、数十日相過ぎ候後、訓導下り来り、申出候に、公幹の事は国中の衆議を尽し候上ならでは決答に及び難し、尤も其期限は、早晩予め定むべからざる旨を答へ候に付、已むを得ず直に訓導を伴ひ、差使及び館司一同、東莱に入り、親しく府使へ面謁の儀を請求候得共、一向聴き入れず、軍官をして前同様、国議を尽し候後、決答に及ぶべく候条、ただただ恭んで早晩間《ママ》の処分を相待ち申すべき旨、申出候に付、なほ其期を相尋ね候処、先づ六、七年乃至十年と相心得べしなど、取り留めざる曖昧の答に及び候。

その他、わが漂流人を和館（対馬藩の代官所）の前岸に放棄し、或は館司（代官の事）の東莱に入り候事は、有るまじき所業なりとて、常例の供饌を廃し、或は両府使の厳命に付、館中礼式に関する屋宇を急に解撤せしむる等の類、彼是不条理の所為ども少からず候。殊に又近日、草梁館門将、小通事等に伝命して、門扉に貼附せしめたる掲示書中に「彼れ制を人に受くと雖も耻ず、その形を変へ俗を易ふるは此れ日本の人と謂ふべからず、その我が境に来往するを許すべからず、騎る所の船隻もし日本の旧様にあらざれば、則ち亦わが境に入るを許すべからず。」また「近ごろ彼の人の為す所を見るに無法の国と謂ふべし。」また「須らく此の意を以て、彼の中の頭領の人に洞諭すべし、妄錯して事を生じ、以て後悔あるに至らざらしめよ」云々等の言に至りては、言語に絶し、実に憎むべきの甚しきことに候。彼は既に我を目して無法の国となし、又は我をして「妄錯して事を生じ、後悔あるに至らざらしめよ」など掲示候様の機に之れ有り候ては、自然不慮の暴挙に及び、我が人民いか様の凌虐を受け候やも測り難き勢に之れ有り候。

抑々御一新より以来、彼の国に対せられ候ては、前条始末の如く、飽くまで旧好の誼を修め、善隣の道を厚くし、彼我人民の便益を謀らせられ度思召よりして、強ひて彼が不遜を恕し、彼が非理を宥め、只管聖意の誠を尽くさせられ候得共、更に一点感通の色これ無きのみならず、却って漸次驕心を長じ、遂に今日の如き侮慢軽蔑の至りに立ち至り候ては、第一朝威に関し、国辱に係り、最早この儘やみ難く、断然出師の御処分これ無くては相成らざる事に候。去りながら兵事は重大の儀、軽易に之を開くべき事にこれ無く候得者、先づ今般取り敢へず我が人民保護の為め、陸軍若干、軍艦幾艘彼の地へ差置かれ、一旦事ある時は、九州鎮台へ神速応援に及ぶべき旨を達し、なほ此上、使節を派遣し、公理公道を以て屹度談判に及ぶべき様、遊ばされたく思召し候条、篤く此旨を体し一同協議いたすべく仰せ出され候事。

【朝鮮国の件は、我が国の近隣にあって数百年来これと往来しているので、明治戊辰〔元年〕の歳、宗対馬守義達に命じて、大差使〔対馬からの使者を指す〕を派遣して、旧交を修復したい旨を通告した処、文書中の言辞、印章等が旧例と異るという理由で、これを受理しないので〔註、東莱、釜山両府が我が文書を京城政府に取り次がないことをいう〕、数次にわたる交渉の末、庚午〔明治三年〕二月に至り、東莱府使から簡単な書面で、前の我が文書中文字の体裁が損われていることを論難して来た。その後、吉岡弘毅、森山茂等に命じ、我が外務卿から礼曹参判〔外務次官に相当〕へ、また外務大丞から東莱釜山両府使へ贈る書状を持参させ、彼の地に赴いて、両使に面会したいことを懇請したが、一向に承知せず、僅かに訓導〔倭学訓導——地方長官たる府使に次ぐ地位、対日外交事務を担当〕に非公式に会うことが出来たのみで、その訓導も、只々新例を開くことは出来ない、今後はすべて〔旧来通り〕対馬を通して応接されるのでなければ、決して受付けない旨を主張するので、同三月、〔対馬の〕宗氏より別の書付をもって、更にまた両府使へ面会の件を促した処、数ヵ月経って後、日本の外務官員がここに来たのは前例ないことで、まして面会などいたさぬ旨を答え、遂にその面会の件も話合は成立せず、吉岡、森山両名は空しく二通の文書を携えて帰国した。

同〔明治三〕年七月、廃藩の令が出されるに及んで、前厳原藩知事宗重正〔宗義達の改名〕に、外務大丞と並んで、日本朝鮮両国の外交事務を担当するよう命ぜられたので、同人から礼曹参判、東莱、釜山両府使に宛てて、日本の国制一新の状況より廃藩置県の変革、並びに外国交際のことは一切外務省においてこれを管掌すること、且つ派遣する我が使臣に面会好遇を与えられたいこと、等々を懇切詳細に述べた文書を携えて、新差使が彼の地に着いた日から、訓導に対して応接斡旋のことを懇求することほとんど二十回に及んだが、病気と称して断り、遂にそのまま上京〔京城行き〕してしまった。

その後、別の差官が京城から来たので、前件の両書の写しを付けて速かに回答してくれるよう要求した処、数十日過ぎて後に、訓導が京城から戻って来て申すには、公幹の事〔国家の重要問題〕は国中の衆議を尽くした上でないと確答するわけには行かないが、その回答期限は遅いも早いも予め決められないとの答であるため、已むを得ず直ちに、訓導に同行して、差使及び館司一同は東莱府に入り、直接府使へ面会の件を請求したが、一向に聴き入れず、軍官をして、前と同様に、国議を尽くして後に確答することになるので、唯々恭んで何時かそのうちに出る処分を待つよう申し出て来た。そこで更にその回答時期を尋ねた処、まづ六、七年乃至十年と承知されたいなどと、取り留めもない曖昧な答をして来た。

その他、漂流日本人を和館〔対馬藩の代官所〕の前岸に打ち捨て、或いは館司〔代官のこと〕が東莱へ入ったのは、あるまじき所業であるとして、慣わしである饗応を廃止し、或いは両府使の厳命で館の中の礼式に関する家屋を急に解体撤去させる等の類の、あれこれ不条理の所為が少くない。殊にまた近日、草梁館門将、小通事等に伝命して門扉に貼り付けさせた掲示書中にある、『彼れ制を人に受くと雖も耻ず、その形を変へ俗を易ふるは此れ日本の人と謂ふべからず、その我が境に来往するを許すべからず、騎る所の船隻もし日本の旧様にあらざれば、則ち亦わが境に入るを許さず。』また『近ごろ彼の人の為す所を見るに無法の国と謂ふべし。』また『須らく此意を以て、彼の中の頭領の人に洞諭すべし、妄錯して事を生じ、以て後悔あるに至らざらしめよ』云々等の言葉に至っては、言語に絶し、実に憎むべきこと甚だしいものがある。彼朝鮮は既に我が日本を目して無法の国となし、または我が国をして「妄錯して事を生じ、後悔あるに至らざらしめよ」などと掲示するような機会においては、自然不慮の暴挙に及び、我が国人民がどのような凌辱を受けるかも測り知れない形勢である。

抑々御一新以来、彼の国朝鮮に対せられては、前条に記した始末のごとく、飽くまで旧い誼しみを修復し、善隣の道を厚くし、彼我人民の便益を謀りたい思召から、強いて彼の国の不遜な態度を寛恕し、その非理を宥免し、只管《ひたすら》聖慮の誠を尽くされたにも拘らず、彼の国は、更に一点の感応の色もないばかりか、却って次第に驕慢の心を増し、遂に今日の如き侮慢軽蔑を極める仕儀に立ち至っては、第一朝廷の御威光に関わり、国辱になるもので、最早このまま黙視は出来ず、断然出兵の御裁きをされなくては相成らぬことである。然しながら、軍を動かす事は重大なる事柄であり、軽々に開戦すべきことではないのであるが、先づ今回は、取敢えず人民保護のため、陸軍若干、軍艦数隻を彼の地に使わし置き、一旦事が起ったときは九州鎮台へ急速に応援に行くべき旨を令達し、なおこの上、使節を派遣し、公理公道をもって厳しく交渉するようにされたいとの思召なので、篤とこの趣旨を体し、一同協議すべしと仰せである。】

事実はこの通りであったが、今少し説明を加えて置く。

彼の方で言うことは、まるでなっていない。実に分からぬことを頑強に主張し続けた。いくら説明しても唖者に向って物を言うのと同然であった。相手の言うことは聞かず、自分の言いたいだけのことを言うている。日本の方では「この分り切った道理が分らぬ筈はない、誠意がないのである。然らざれば日本を侮辱するのだ」と言って腹を立てる。先方では「到底通らぬ言い分たるを知りながら、強いて通そうとするのは、何か下心があるのだ」と言う。こちらが「隣交を重んずるならば、こんなことは言えぬ筈だ」と言うと、あちらでは「通らぬと知りつつ通そうとするのは、交を傷らんとするのだ」と言う。段々双方とも声が高くなって、無礼不遜な言を発するに至った。尤も、我が方ではさほどひどい辞は使わなかったが、彼は言語文章に長じていて罵言悪口も巧みである。しかし、嘉永、安政以前、日本がまだ西洋の考え方に疎かった時なら、議論の上にこれほどの隔たりは無かったかも知れぬ。この点に少しく考慮を加えたならば、これほど腹も立たず、彼の国の真情も却ってよく分ったろうが、彼を不誠意と考え、また我を軽蔑すると思ったのは、見当はづれではなかった。

以上のことは、大院君を抜きにしては、到底説明がつかぬ。国王幼少のため、その実父大院君が摂政となって、威福を肆《ほしいまま》にしていたのである。この人物は度胸もあり知略もあり、なかなかの人物であった。正直者とは謂われぬが、彼の西洋嫌いは本気であった。国内のカトリック信徒や宣教師を殲滅するためには、欺瞞残忍その手段を択ばなかったのである。この虐殺の罪を問うため、フランスの艦隊は江華湾に侵入したのであるが、何故か全く要領を得ずして退出した。大院君はこれを力で勝ったと誤認して、日本に対して警告の形式をもって「洋夷油断すべからず」と通告し、暗にその戦捷を報じて、その手際を自慢した。次いで米国も軍艦二隻を送って、やや戦争らしいこともして見たが、これもまた徹底せずして引き揚げた。そのため大院君の自信は益々強くなった。

支那〔中国〕が英仏によって城下の盟を余儀なくされながら、依然英仏と交際を続けているのを見て、大院君は頗る歯痒く思い、詩を作ってこれを嘲ったが、日本は攘夷の国論を放棄して、上古以来、金科玉条として仰いでいた文武周孔の道を捨て、洋夷の制度文物を採用して、卑しむべき被髪左衽の俗に化したのを見て、憤りもし、軽侮の念を深くしていた折から、フランス艦隊の退却を朝鮮の勝利と信じ、日本に対する態度も一変して、頭を昂げようと思っていた矢先、日本から大政一新の通告書と宗義達からの書翰が届いた。その写を一見すると、書辞みな旧例に違うのみならず、日本は自国を朝鮮の上位に置いている様子が、全体の文面を通じて感ぜられた。大院君たる者、豈に憤らざるを得んや。「ナニ生意気な、よしよし思い知らしてやる」と、その時すでに肚をきめたのではあるまいか。東莱、釜山両府使の我が通告書の取扱い振りは、初めほどは、或いは彼等限りの考えであったかも知れぬが、書類として我に答えたものは、京城政府の意を承けたものに相違ない。京城政府といえば大院君である。

明治五年、我が政府は花房外務大丞を軍艦二隻に護衛せしめて朝鮮に派遣した。これを見た大院君は、心配はしたろうが決して震え上りはしなかった。そして、少しも周章狼狽の態度を現さずに、暫く日本の出様如何を見ていたようである。日本は次第に強要しては来るが、発砲はせぬ。よしんばまた発砲したところで、仏米両国以上のことは日本には出来ぬと見縊っていたのであろう。前に挙げた草梁和館の門扉に貼附せしめた掲示書は、大院君自身が書いたものではあるまいが、少しくらいは手を入れたかもしれぬ、大院君の人物ソックリの文章である。即ち暗に日本放逐の意を示したものである。また和館内の礼式に関する屋宇の解撤を厳命したことが、大院君の命令に出たことは疑う余地はない。これによって日本との絶交を暗示したものと見るべきである。

以上の説明で、明治元年以来、同六年までの彼我交渉が、前述のごとき経過をたどるに至った訳は明白になったことと思う。

副島外務卿が花房大丞を派遣したのは、両国間のこれまでの行き掛りは一切捨てて、大政一新の通告書も、朝鮮が受けぬというなら、この上強要はせぬ。草梁の公館も見捨てても構わぬが、歴史のあるものだから保存することにしよう。我が商人は留まりたい者は留まってよい。対馬藩の対朝鮮負債は我が政府が引受けて支払ってやるという数条を朝鮮政府に通知せしむるためであった。右は追って使節を派遣するまでの仮処分として、副島が太政官に提出して、その決議を経たものである。そして、その使節には副島自身が赴くことを、肚の裏で極めていたのである。それほどまで根こそぎに要求を放棄するつもりなら、黙って捨ててもよかったろうと思われる。負債云々のことは、何処ぞに張札でもしたら、それでも用は弁じたのであろう。

二、有志者の征韓論

朝鮮に対して、諸外国に先鞭を着けられてはならぬと、何びとも考えた。侮辱は懲らさざるべからずとの論も、共通ではあったが、この点に最も力を入れたのは佐田白茅であった。日本の領土は狭いから、これを拡張しなければならぬというのも共通の説で、この点には何びとも最も重きを置いていた。

森山茂の論は少し趣を異にしている。彼は、王政一新は一応出来上ったように見えるが、旧士族には不平者が多く、内乱を起こす虞《おそれ》が大いにある。その不平の大原因は生活難である。故に五十万の士族を対岸に移して、産業を与える。これ内乱を外に移して、利を海外に興すもので、一挙両得の良策である。なおまた士族の秩禄も早晩整理を要するが、これには莫大の資金を要する。もし士族を朝鮮に移して産業を与えると、秩禄整理の資金も必要がないというのである。思い附きとしては面白いが、実行は不可能である。士族に産業を授けることを目的として征韓を論じた者は、なお他にもあった。

木戸孝允の征韓論には色々な理由があった。その特色は、日本人は小天地の裡にあくせくしているから、小事を争い、ひねくれた根性にもなり、嫉妬、讒誣、陰謀、細策をこととする。眼を全世界に放ち、気は宇宙を呑む位の気魄があると、人間が暢々して来る。これが手始めとして先づ朝鮮に踏み出すべきであるという如き考えであった。そんな気になれば自然内乱も起らなくなるというので、直接内乱を外に移すというのではなかったらしい。

柳原前光の征韓論は最も調うている。標本として左に載せる。

益々御安泰御奉職わたらせられ大賀の至りに存じ奉り候。陳者昨日は朝中に於て拝謁、段々御教示の趣、敬佩感謝仕り候。いよいよ明後日より横浜出帆仕り候。なほ時下御自愛国家の為め専祷仕り候。はた今般仏孛〔フランス・プロシャ〕交戦仕り候に付ては、我が樺太且つ朝鮮へ手出し仕るべく、彼れ此れ宇内の形勢愚察仕り候へば樺太の地は既に已に守るべからざるの勢、強ひて之を拒ぎ候節は、結局魯国〔ロシア〕数万の兵を相受け、方今の勢にては万々彼れへ当るの兵力これ無く、独り朝鮮の如き蕞爾たる一小国、野蛮にして宇内の隆軌を暁らざるは、閣下御熟知の通に御座候。今般なほ又探索再渡、外務省より願ひ立て、昨日御聞届け相成り、今日森山権大録、広津権少録両人へ発向内意申付け候次第、何卒宇内今日の形勢に依り、深く廟堂に於て、経略の遠図御勘考遊ばされ度、実以て外国の先鞭を受け、魯国〔ロシア〕の如きは北は樺太を略し、西は朝鮮に拠り候ては、皇国の御偉業遂に立つべからず、後害幾許とも計り難く、是等の処深く御注意、遠大の規模御更張相成り度、別紙愚論発程前甚だ匆忙中相認め、御大覧に備へ候は恐縮に候得共、衷情黙止し難く、内々御大覧に入れ候。今日至当の策、先づ対州知藩事に命を下し、渡海周旋、且つ外務官をして監督輔翼せしめ、彼の藩の負債を朝廷より下賜、御償はせ相成り、我れよりは不信の名を取らず、整々順序を以て談判に及ばせ、彼れの応答により、和戦の権、我れに帰し、廟略大に定まり、闔国奮起仕るべしと愚考仕り候。是等の儀喋々申上げ候は恐悚の至りに候へ共、自然只々歳月遷延候ては、外国の先鞭を蒙り、無極の大害を醸し出すべく、万々宇内の形勢御照合、然るべく御画策これ有り度、忌諱を顧ず、極内々言上仕り候。悪しからず御斟酌御取捨願ひ奉り候。　誠恐頓首内啓

七月廿八日〔明治三年〕

副啓、明日発足、大乱書御海恕願ひ奉り候。何分にも宜しく御参考願ひ度、はた又朝鮮

事件いよいよ御着眼相成り候節は、右今般出張申付け候森山広津両人は相応の人物、先般朝鮮へ渡り、彼の情状をも承知、且つ見込等も御座候につき、御用の節は御召しにて御下問、且つ両人等言上致し候節は、然るべく御取捨、御聞取り相願ひ度候。尤も御参館巨細申上げ度候処、明日発足その儀能はず失敬遺憾の至り云々

前光

岩倉殿　極内々

【ますます御健勝にて御仕事遊ばされ大慶至極に存じます。さて昨日は朝廷内にてお目に掛かり、色々と御教示を頂いた御趣旨には、深く感銘、感謝致しております。いよいよ明後日には〔清国へ向け〕横浜を出帆致します。なおこの時期ゆえ御自愛くださるよう国家のため唯々祈り上げます。またこの度フランスとプロシアが交戦いたしましたので、ロシアは必ず我が領土樺太にまた朝鮮に手出し致すでありましょうし、あれこれ世界の形勢を考察致しますと、樺太の地はすでに守り切れない情勢で、強いてこれを防ごうとすれば、結局ロシアの数万の兵を受けることになり、目下の勢いでは到底ロシアに当たるだけの兵力はなく、独り朝鮮の如きがやがや騒ぐ一小国だ

けが、野蛮で世界の流れを悟らないことは、閣下がよく御じの通りであります。この度なおまた探索者の再度の渡航を外務省より申請し、昨日お聞き届けになったので、今日森山権大録、広津少録の二人に発向の内意を申し渡した次第であります。何卒世界の今日の形勢に依拠して、大政を掌る廟堂において、国家経営の遠大な意図を深く思案して頂きたく存じます。実際、外国に先鞭をつけられ、ロシアの如きが北は樺太を奪い、西は朝鮮に立てこもることになれば、皇国の御偉業は遂に成立し得ず、後の災いがどれだけ大きいか計り知れません。ここの処を深く御注意になり、遠大の規模で御威勢を張って頂きたい。別紙の愚論は、〔清国へ〕出発前の甚だ多忙の中で書き記したもので、御覧に入れますのは恐縮ではありますが、衷情から黙っていられず、内々御覧に入れる次第であります。今日採るべき適当な方策としては、先づ対馬藩の知藩事〔宗義達〕に命令して、朝鮮へ渡ってあちこちに当たらせ、且つ外務官吏をしてこれを監督援助させ、対馬藩の朝鮮に対する債務は朝廷から下賜した金で返済させてやり、我が方からは、不信の名を蒙ることなしに、整々と順序立てて談判させることで、相手方の応答次第で和戦の権は我が方の手に帰するので、朝廷の政略も大いに定まり、国を挙げて奮起致すことと考えます。これらのことをやかましく申し上げるのは、恐縮の極みでありますが、自然のままに只々歳月が経過しては、外国に先鞭をつけられ、果てしのない大害を醸成することになりましょう。十分に世界の形勢をお確かめの上、然るべく御計画をお立て願いたく、忌諱に触れることも顧みず、極く内々に言上致します。悪しからず御斟酌の上御取捨下さるよう願い上げます。

七月廿八日〔明治三年〕

二伸　明日出発のため大乱筆の書面となり御容赦のほど願いあげます。どうか宜しく御参考にして頂きたく存じます。また朝鮮の事件にいよいよ御注目になります場合には、今回出張を申し付けた森山広津両人は相当の人物にて、先般朝鮮に渡り、彼の地の情状も承知し、且つ意見等も持っておりますので、御用の節は呼び出して御下問ありたく、且つ両人等が何か言上した節には、然るべく御取捨の上、お聞き取り願いたく存じます。尤も参上して事細かに申し上げたい処でありますが、明日出発のため、それが出来ませず失礼の段遺憾の至り云々】

（別紙）

朝鮮論

皇国は絶海の一大孤島に候へば、此後たとひ相応の兵備相立ち候とも、周囲環海の地、万世終始を全うして、各国と並立し、国威を皇張致し候儀、最も大難事と存じ候。然る処朝鮮の儀は、北は海洲に連り、西は韃清に接し候地にして、之を綏服すれば、実に皇国保全の基礎にして、後來、万国経略進取の基本と相成り、若し他に先んぜらるれば、国事爰に休するに至り申すべし。且つ近年各国も彼の地の国情を探り知りて、頻りに之を窺ふ者少なからず、既に魯は満洲東北を蚕食し、其勢往々朝鮮を呑まんとす。是れ皇国の一日も軽忽に視るべからざるの時と存じ候。況んや列聖御垂念の地に候をや。

一、大政一新の書、彼れの之を擯斥するは、各国既に已に之を知る、然るに之を忍んで、その狡獰を制せず、その曖昧を開かず候ては、皇国の万国に対する、何を以て一新の規模を示し申すべきや。

一、魯仏英米の彼の地を服属せしめんとするは、瞭然論を待たず、然るに方今仏孛交戦の事起り、魯国は孛を後援するの風聞これ有り候へ共、素より虎狼の国柄、欧羅巴動乱の際を窺ひ、亜細亜洲中を掠略するの機鋒必ず脱出し来るべく、且つ米も亦兵を朝鮮に試みるの説あり、是れ皇国の苟も因循すべき日にあるまじくと存じ候。

一、昨春以来対州の修使を遣はし候へ共、実に豊臣徳川両使の時の百分の一の斡旋を尽せしにあらず、今朝廷、厳原知事に命じ、自分外務省官吏と共に渡海し、数百年の信義を尽くし、百機千変に臨應し、懇々切々、両国唇歯相保つの儀を示し、広く宇内の形勢を論さば、信使を来たすも皇使を下すも、或は其階梯を構成仕るべく候。去りながら彼国従来頑固の習癖、たとひ皇使を迎へ、信使を奉ずるとも、義州、江華等諸要処開港等の事件に至りては、容易く承服すまじくと存ぜられ候故に、急速先鞭を着け候に、前件宗氏を前導とし、皇使を下し、廟略大に定まり候上は、必ず一回の出兵を議定いたし置き候て、寛猛恩威ならび施さば、大戦に至らずして服従いたすべしと存じ候。

一、厳原藩知事を渡海せしめ、彼の藩、年来の衰弊、朝鮮に対して凡そ六万金の負債あり、官これを償ふ銅凡そ二十万斤を以てせば、内・厳原藩上下に恩恵を布き、その奮興の気を誘ひ、外・朝鮮官府に信義を表して、帰順の根基と相成り申すべく候間、外務省官吏之を奉行し、厳原藩に至らしめば、上下必ず其力を尽くし申すべく候。此事一時、財を費すに似て、実は内外人心を収むるの一大助と愚考仕り候。

【皇国・日本は絶海の一大孤島でありますから、今後たとい相当の軍備が整いましても、周囲海に囲まれている土地であり、万代に亙って終始変らず、各国と並びたち、国威を張って行くということは、最大の難事であると存じます。そのような中で、朝鮮の場合は、北は沿海州に連なり、西は清国に接している土地で、これを安定服属させれば、誠に皇国日本を保全する基礎であって、将来、国際的経営・進取の基本となります。もし他国に先を越されるならば、国家の政治はここで万事休することになりましょう。且つ近年には各国も彼の地・朝鮮の国情を探知して、しきりに隙を窺うものが少なくありません。既にロシアは満州の東北部を侵略し、その勢いは時には朝鮮を併呑せんばかりであります。これは、皇国日本の一日も軽視してはならぬ時であると考えます。ましてや、朝鮮は、歴代の天皇が関心を持たれた土地であって見れば、尚更であります。

一、〔わが方の〕大政一新の書を彼〔朝鮮〕が拒否したことは、各国も既に知っております。然るに、これを隠忍して相手の狡猾獰猛を制することなく、その蒙を開かなければ、皇国日本は世界各国に対してどうやって大政一新の面目を示すことが出来ましょうや。

一、ロシア、フランス、英国、米国が朝鮮の地を服属させようとしていることは、一目瞭然で議論の余地はありません。然るに現今プロシアとフランスが交戦する事態が起り、ロシアがプロシアを後援するという噂はありますが、元来ロシアは残忍非道な国柄ゆえ、ヨーロッパ動乱の隙を窺って、アジア中を掠取する鋭鋒を必ず現わして来るでありましょうし、且つ米国もまた軍隊を朝鮮に送ろうとしているという説もあります。こうみると、今は、皇国日本がかりそめにも不決断を続けているべき時ではあるまいと存じます。

一、昨年春以来、対馬藩の修好使節を派遣致しましたが、実に豊臣徳川両者の使節の時の百分の一の取り持ちも〔朝鮮側は〕致しませんでした。今、朝廷は、厳原知事に命じ、我々外務省の官吏と共に海を渡って朝鮮に行き、数百年間にわたる信義を尽し、機に臨み変に応じて、懇切丁寧に、日本と朝鮮の両国が唇歯輔車の密接な間柄で互いに依存し合う仲であることを示し、広く世界の形勢がどうなっているかを説けば、信使を寄越すにせよ、皇使を派遣するにせよ、連絡の道を構築することが出来るかも知れません。然しながら、彼の国〔朝鮮〕は従来から頑固の性癖あり、たとい皇使を送っても、信使を寄越しても、義州、江華島等の諸要処の開港などの事柄に至っては、容易に承服すまいと考えられますので、急いで先鞭を着けるには、前記の〔厳原藩知事〕宗氏を先導とし、皇使を送り、朝廷の策略が定った上は、必ず一回の出兵を議決しておいて、朝鮮側に対して、或いは寛大に或いは強烈に、恩恵と威力とを交々使用すれば、大きな戦にはならないで我が方に服従するであろうと存じます。

一、厳原藩知事を渡海させ、彼宗氏の対馬藩は、年来の疲弊で朝鮮に対して凡そ六万金の負債があるので、これを償還する銅凡そ二十万斤を下賜すれば、内は、厳原藩上下に恩恵を施して、その奮起の気を引き出し、外は、朝鮮官府に信義を示して、〔わが国への朝鮮の〕帰順の根底的基盤となるでありましょうから、外務省官吏がこの命令を奉じて事を執行すべく、厳原藩に行かせれば、上下必ずその力を尽くすでありましょう。このことは、一時資金を浪費するようでありますが、実は内外の人心を収攬するのに大変な助けとなると考えます。】

対馬藩士大島友之丞正朝は、文久年間すでに一種の対朝鮮意見を有し、これを幕府の当局に語った。彼の意見は、朝鮮は、これと結ぶべきか、或いはこれを取るべきかを、明白にすべしとの考えであった。対馬または釜山等にロシアの軍艦が出入するについては、これに備うるため、対鮮策を決定して置かねばならぬ。現状の如くどっちつかずの関係では不得策であると見ていたらしい。然るに幕府は依然何ら決定するところがないのを見て、大島は、然らば対馬の独力で征伐するとまで論じたらしい。勿論それは議論の上のみに終ったのである。

大島は、明治以前に多少長州と関係をつけ、木戸孝允等にも面会していた。対馬藩主は毛利家と姻戚関係もあった。明治になっては、しばしば木戸とは往来した。西郷〔隆盛〕に逢うたか逢わぬかは分らぬが、薩人には知人が多かったから、大島の意見は西郷の耳にも入っていたのであろう。彼は外務省の人々を大いに突っ付いたに相違ない。彼の意見の跡が処々に窺われる。彼の動機が不純であったと疑う者もあり、また彼を謗る者もあるが、それとて彼一個の個人本位であったというのではなく、対馬藩本位であったというのである。彼をして画策せしめたのは愛国心であり、活動せしめたのは愛藩心であったのであろう。彼は釜山のことが面倒らしくなると、明治二年春、自ら釜山に出張した。そして、こんなことでは果てしがないと看て取ると、直ちに帰朝して、太政官に状況報告をなし、併せて意見を上申した。

急遽に事を謀らば、却って彼が術中に陥らん。若し穏妥を主として議論を以て争ふと雖も、その底極する所、未だ知るべからず。今に於て行ふべきの策は、彼の国都に入り、国王に謁して、直接に修好の諾否を決せしむるにあるのみ。然れども之を為さんと欲せば、廟堂にに於て予め寛猛の処分を行ふべき方針を定められんことを要す。否らざれば、彼れと対応の如何に依り、国威宣揚の目的立ち難し、願はくは速に廟議を決せられん事を。

【性急にことを企てると、却って朝鮮側の術中に陥りましょう。もしも穏便を第一として、議論によって争うとしても、究極のところどうなるかは見当はつきかねます。現在において実行するべき策は、朝鮮の首都に行き、国王に拝謁して、直接に修好を行うことの諾否を決定させる事しかありません。然しながらこれをやろうと思うならば、朝廷において、予め、寛大な処分を行うか、圧服の処分を行うかの方針を定められる必要があります。そうでないと、彼れ朝鮮との対応の仕方如何によっては、

日本の国威宣揚の目的がなかなか立ちません。どうか速やかに朝廷の評議を決定されますようにお願い致します。】

政府では、維新後百時草創の際、国議を朝鮮のことに尽くす能わずとの理由をもって、大島に対してその意見を採用するとも、せぬともいわなかった。大島は当時、我が使節が京城〔ソウル〕まで乗り込めると見ているが、無論護衛兵を附ける考えであったろう。彼は大院君がどんなことをしたか、またなしつつあるかを知らぬ筈はない。その所謂「国王との直接談判云々」の如きも、国情を知らずしての架空の暴論ではなかったと信ずる。薩州の別府晋介が「朝鮮征服には二、三大隊の兵で足りる」といったのも、確かに見る所があったのだと思う。少し用心深く考えても、その倍数の兵力があったらよかったのであろう。大島がその前年〔明治元年〕閏四月、藩主の名で政府に差出した意見書は一読の価値がある。それを今左に抄録する。

足利氏の代は、交際の事、間々国威を欠損するもの無きに非ず。其後、豊臣氏の文録の役により、一たび絶交し、徳川氏の代に至り、再び隣誼を修む。対馬は両間に在りて、将命〔取次ぎ〕の職を掌る。故に名は両国の誠信を表すと云ふと雖も、実は対馬の私交に均し。以て国家不朽の典礼と謂ふを得ず。今や大政一新の時に方り、両国交際の事例、従来の宿弊をを一洗し、修好の大綱は言を俟たず、礼式の末節に至る迄、深く廟議を尽くさざるべからず。古来彼の国は文弱にして、我が国の勇武に敵する能はざるを知り、動々もすれば文を以て勝を求めんとするの意あり、恐らくは他日意外の事項に於て、軽侮を招くこと無しと言ふべからず、因って意見数条を陳奏す。（中略）

朝鮮の事は古来、日本府を置かれたるの盛跡あり、徒らに外国視すべきにあらず、恩威ならび行はるるの規模を立てられ、統御の術その宜しきを得ば、数年の後は、我が外府の如くなるべし。宜しく公議を尽され、内外綏服の遠略を定め、其基礎を建てらるべし。

（中略）

今回若し彼の国が大政維新の命を奉ぜず、執拗不恭の事あるに至らば、隣交の大体に関係し、我が国威立たざるべし。依って本州（対馬の意）私交の弊を更革せらるるを以て、朝鮮国着手の順序に於て目下の急務とす。

中古以来、彼我両国の交際は、幕府を以て敵礼（対等の意）と為す。今回朝廷直接に修好の事を行はば、公明の正理に依り、使聘来往、文書贈酬等の節目を更革せられんことを要す。旧来幕府慶事ある毎に、通信使と称し、彼の朝官来聘するを以て、今、大政維新の事を通告せば、彼れをして速に国使を派し、鴻業を賀せしめんと欲す。

朝鮮は古来偏固の風習あり、善悪に拘らず旧規を固守して、一時権宜の措置に応じ難し。故に大政維新の事を通告するに及んで、彼れ非礼倨敖の情態あらば、朝廷赫然勇武の断を以て、膺懲の典を挙げらるべし。因って予め皇猷を確定し、皇国尚武の気を自ら貫徹せしむるに非ずんば恐らくは国威の立ち難きのみならず、将来の功業を妨害する事多からん。

【足利氏の時代には、外国交際のことで、時として国威を損ずることがなくもありませんでした。その後、豊臣氏の文禄の役〔いわゆる「朝鮮征伐」〕によって一旦国交は断絶し、徳川氏の時代になって、再び隣国としての友誼を修復しました。対馬藩は両者――幕府と李朝――の間にあって、取次ぎの職を担当しました。それ故に、名目は両国間の誠意信頼を表わすといっても、実際は対馬藩の私的な交際に等しく、これをもって国家不朽の典礼ということは出来ません。今や大政一新の時に際し、両国間の交際の事例は、従来からの弊害を一掃し、修好の大綱はいうまでもなく、礼式の末節に至るまで、徹底して廟議を尽くさねばなりません。古来、あの国は文弱で、我が国の勇武に敵し得ないことを知って、ともすれば文をもって勝を得んとする考えを持つので、恐らく将来思いもかけぬ事柄で、我が方が彼の軽侮を招くことが無いとは申せません。そこで、意見数条を申し述べて奏上致します。（中略）

朝鮮のことは、古くから日本府を置かれたという輝かしい事跡もあり、むやみに外国視すべきではありません。恩威並び行われるような制度をお立てになり、支配の手段方法が適切であれば、数年後には、我が国の外地における一地方の如きものになるでありましょう。十分に公議をお尽くしになり、国内国外を安んじ服する遠大な策略を定め、その基礎をお建てになるべきであります。（中略）

今回もしもあの国が大政維新の命令を順奉せず、執拗に恭順でない態度をとるようなことがあれば、隣国との交際の大体に関係し、我が国威は立たないでありましょう。でありますから、対馬藩の私交になっているという弊害を改められることが、朝鮮国問題解決に着手する際の順序において、目下の急務であります。

中古以来、彼我両国の交際は、幕府をもって対等の相手としました。今回朝廷が直接に修好の事柄を扱われるならば、公明の正理によって、互いに使者を派遣して礼物を送ることや、文書を贈りあるいは返書を贈ること等の細目をお改めになる必要があります。旧来幕府に祝い事があるごとに、通信使と称して、朝鮮の朝廷の役人が派遣されて来ておりますので、今、大政維新の事実を通告すれば、彼の国をして速かに国使を派遣し、この大事業を慶賀させるようにしたいと存じます。

朝鮮は昔から偏狭固陋の風習があり、善悪に拘らず旧い規則を固守して、一時臨機の処置を採ることが中々困難であります。故に、大政維新のことを通告した場合に、朝鮮側に非礼倨傲の様子があれば、朝廷は奮然として勇武の決断をもって、膺懲〔こらしめの征伐〕の式を挙げられるべきであります。こういうわけで、予め天皇の謀を確定し、皇国尚武の気を自ら貫徹せしめるのでなければ、恐らく我が国威が立ち難いばかりでなく、将来の功業を阻害することも多くなりましょう。】

意見書は宗義達の名で建白されたが、その実、大島の意見たることは疑いがない。しかし建白の実行は、そのこと頗る重大で、軽忽に手を下す訳には行かぬから、政府はこれをほって置いた。然るに対馬藩からはしばしばその実行を催促した。時恰も戊辰の役の真っ最中で、六月半になって、政府は、「先達申し付けた通り、矢張、天皇親政、万機宸断、幕府廃却の旨のみ、其方より（朝廷からでなく）通告せよ。根本の事は追って、天下平定の上、御差図〔指図〕がある」と申し渡した。義達はこの命令に従って、その年十二月、通告の手続を取った。明治時代の朝鮮問題は、この通告によって点火せられ、やかましい問題を担ったことは、既に先に述べた。

大政一新を朝鮮に通告することは、必ずしも急がなければならぬのではなかった。然るに欧米諸国に対しては、これに反して一日も早くしなければならぬ訳があった。というのは、幕府側が欧米諸国に向って盛んに新政府を讒誣して、攘夷のために出来た政府だから用心せよと、宣伝していた。事実そういわれても已むを得ぬ経過を取って出来上ったのだから、新政府はこの点に関して、速かに外国の誤解をとき、信用を確保して、諸外国の承認を得ることが、焦眉の急務であった。朝鮮に対しては少しも、そんな事情は存しないので、必ずしも通告を急ぐ必要はないのであった。従って、朝鮮への大政一新の通告は、外務省内の黄吻官吏の思付き位に考えられるのであるが、豈に図らんや、有為練達の大政治家の発意であった。『松菊木戸公伝』に、

明治元年正月、外交の廟議確定して、天皇親しく各国公使を延見し給うに及び、公は対

韓意見を草して朝廷に上り、使節を朝鮮に派遣して、王政維新の旨趣を告知し、以て旧交を修めん事を献議せり。公の日載に「朝鮮へ使を出すは余の建言する所にして、実に戊辰春也。当時朝廷の規模一定の上は、遠く西洋各国とも好親の約あり、各国の公使等も、親しく天顔を拝するに至る。然る時は旧交を親しくするは言を待たざるなり。況んや朝鮮の如きは近隣の国にして、且つ旧交ある国なり、（中略）然るに廟議未だ使節を特派して、維新の趣旨を通告するに至らず。三月、朝廷対馬藩主に命じ、外国事務補の心得を以て」云々

とあるを見れば、明治元年三月宗義達に御沙汰ありたることは、木戸〔孝允〕の建言に基いたものと見える。木戸ほどの政治家の意見ではあるけれども、少し形式に重きを置き過ぎているように思われる。但し木戸にはこれ以上に政策上の意見のあったことは、その伝記や文書に明らかである。そしてその意見は西郷の考えと大体一致しているようである。大村益次郎などは初めはこれに反対であったが、しばしば木戸の議論を聞いて、後にはこれに同意するに至ったとある。木戸はまたこれを大久保〔利通〕に説いている。明治二年六月廿六日の日記に、

帰途大久保を訪ふ、朝鮮支那の一条を談じ、又当時の事に及ぶ。彼れ固着の処あり、然りと雖も余も亦大に軽重を論じ、愚意を陳述す。

とあり、『木戸公伝』によれば、大久保は木戸の去りたる後、その意見の趣旨を深考熟慮して、これに反対したるを軽忽なりとして、大いに悔い、翌日書を送りてこれを陳謝した。その書中に〔次のように記されている。〕

昨日は態々御来貰下され、段々御厚意御示諭仰せ付けられ、別して有り難く、深く感銘仕り候。折角御慈悲に預り候に、頑固申し募り候儀、甚だ以て恐縮、且つ汗顔の至りに候へ共、実以て已むを得ざる次第は、陳述仕り候通りの形行《なりゆき》に御座候間、幾重にも御有恕下され度、万祈奉り候。はた又鳥渡《ちょっと》発言仕り候一条につき、細々御旨趣示し聞かせられ、甚だ以て恐入り候仕合に御座候。軽易申し出で候故、定めて御立腹あらせられ候かと存じ奉り候へ共、決して諛言申上げ候事に御座なく候に付悪しからず御汲み取り下さるべく候。尚又拝接の上申し尽すべく候。

【昨日はわざわざお出で頂き、色々と御考えを御教示下さいましたことは、事のほか有り難く、深く感銘致しました。折角御厚情に預かりましたのに、頑固に自説を主張致しましたことは、はなはだ恐縮かつ汗顔の至りでありますが、実のところ已むを得なかった次第は、申し述べた通りの形勢でありますので、何とぞ御許し下さるよう心から願い上げます。また一寸発言致しました一項目につき、細々と御所存を御聞かせ下さり、誠に恐れ入ったる次第でございました。軽々に発言したこと故さだめし立腹されているのではないかと存じますが、決して戯言を申し上げたのではありませんので、どうか私の気持を御汲み取り下さるよう御願い致します。なおまたお目にかかって詳しく申し上げようと存じます。】

この書翰では、大久保が対韓策についての意見を改めた様子は見えぬ。余り頑強に自己の意見を主張した段をお詫びしたまでと解釈すべきではあるまいか。

木戸は「俺の対韓意見を秀吉のと同じだという者があるけれども、十中の七、八までは別だ」と弁じている。木戸と大島友之丞との関係は、既に述べた通りであるが、宗義達の献白に対しては政府は何の沙汰もしないので、対馬藩がしばしば催促したことを、いささか不思議に考え、対馬藩はそれほどまでに対韓策に熱心であったのか、それとも何か困難な事情でも存したのかと思っていたが、後に木戸の伝記を読むに及んで、始めて疑いが解けた。それは木戸が対馬藩をしてやらせていたのである。木戸はそれほど朝鮮問題には熱心であったのである。木戸はまた柳原にも度々逢っている。従って柳原の朝鮮論には、木戸の考えが混っているかも知れぬ。殊に柳原が岩倉に差出した意見書には、木戸の入れ知慧〔知恵〕があったのであろう。但し木戸のはその外国派遣前に意見が変ったのではないけれども、事を急にしてはよくあるまいという考えに傾きかけていたらしい。そして欧米巡回中は、木戸と大久保の意見が一致するに至ったのであろう。だから木戸は自ら朝鮮問題に火を付けて置きながら、後にはその鎮火にに難儀したというのが真相であろう。

三、閣　議

(1) 第一段

閣議は明治六年六月十二日に開かれ、太政大臣三条実美を始め、西郷隆盛、板垣退助、大隈重信、後藤象二郎、大木喬任、江藤新平の各参議と外務卿代理（副島は当時清国出張中）少輔上野景範が列席した。先づ上野少輔が議題を説明して、

韓国政府は、維新以来しばしば我が使節を侮辱し、我が国書を拒み、無礼千万な伝令書を掲示して我を排斥せんとしている。この儘に放任して置くときは、無智の鮮民は如何なる暴挙に出づるやも測り難い。今となっては、我が居留民を全部朝鮮から引き揚げしむるか、または武力に訴えて韓廷に臨み、修好条約に調印せしむるか、二つに一つである、何卒御審議を願いたい。

と申し述べた。板垣は、

居留民を保護するのは、政府当然の義務である。早速一大隊の兵を釜山に送り、然して後、談判に及ぶが宜かろう。

といい、西郷は、

それは余りに早や過ぎる、今俄かに兵を韓国に派遣すれば、韓国では愈々日本が取りに来たと疑惧を起す。戊辰以来しばしば使節は出したが、皆卑官ばかりで、彼の国の地方官吏と折衝したのみである。それ故、彼の軽侮を受けて、未だ一回も使命を完うすることが出来ぬ。今日の策は最も責任ある重臣を全権として派遣し、対等の儀礼をもって正理公道を説き、韓国政府の反省を促すに在る。かくすれば、如何に頑迷な韓廷でも、この理を解せぬ筈はあるまい。それでもなお我が言を聴かずして無礼を働き、我が全権大使を殺害するようなことがあったら、その時こそ公然その罪を万国に鳴らしてこれを討伐すべきである。

と述べて、板垣の即時派兵説に反対した。三条は、

その大使は、兵を率い、軍艦に乗って行くがよい。

といった。西郷はそれにも反対して、

イヤ、兵を率いて行くのは穏やかでない。大使たる者は宜しく烏帽子《えぼし》直垂《ひたたれ》を着し、礼を厚うし、道を正しうしなければならぬ。

と唱え、飽くまで公明正大であった。板垣は遂に自説を棄てて西郷に同意した。後藤、江藤の二人もまたそれを賛成した。然るに列席の一人は、

目下、岩倉大使等欧米派遣中である。国家の重大事はその帰朝を待って決するがよかろう。

といった。これは、岩倉大使及び木戸、大久保等の帰朝までは、国政の大事は見合わせる約束があったためである。然るに西郷は、

堂々たる一国の政府が、国家の大事を決定し得ぬ位なら、直ちに官門を閉じて、百般の政務を中止すべきである。

と一喝した。閣員はそのため皆黙然として一言も発しなかった。西郷は更に、

この大使には、何卒自分を任命して頂きたい。

と申し出た。これには一同頗る当惑した。岩倉、木戸、大久保等の留守内閣での第一人者が渡韓して、万一のことがあったら取り返しが付かぬからである。西郷は三条に迫って、「是非上奏して裁可を仰いでくれ」という。三条は「篤《とく》と熟考した上で」と答え、この日の会議を閉じた。これが対韓閣議の第一回であった。

西郷は、岩倉などの留守中に、自分の意見通りに閣議を纏めて、御裁可を経るまでにして置かねばならぬと考えて、その工作に着手した。それには先づ三条を説き落すことが最も必要である。三条は「維新の大業完成の運命を制する程の大切な西郷を死なしてはならぬ。さらばとてその望みを拒んだら、政府に留まらぬのみか、事によると向うに廻るかも知れぬ」

と心配して、非常に苦心した。そこを西郷は見抜いていて、賺《すか》して見たり、威《おど》して見たりして手を尽した。その上、他にも手を廻して三条に説かしめたらしいが、なかんづく板垣には手を合せて拝むように頼んだ。その趣は板垣への度々の手紙の表に躍如として顕われている。その板垣を持ち上げる趣は、恰も子供を褒めそやして、我が用に服せしむるのと髣髴たるものがある。

西郷は、第二回の閣議を開かせようと思うて、度々三条に催促した。三条は岩倉の帰朝を待って開こうと逃げる。西郷は例の「堂々たる一国の政府が、国家の大事を決定し得ぬ道理はない」と、押えて逃さぬ。三条は「それでは外務の責任者たる副島が北京から帰るまで待て」という。西郷もその言い分には道理もあり、また副島なら邪魔にもならず、却って好都合と思う点もあって、遂に副島の帰朝を待つことに同意した。

西郷は「三条も、もうこの位にして置けば、大抵よかろう」と思うところまで引き向けた。そこまで三条を捻り向けるには種々の工作を施したろうが、これがために板垣を働かせることに懸命であった。そしてそれは中々の手際であった。

副島は七月末に帰朝した。西郷は早速自分の意見を副島に話すと、副島は素より釜山辺のことには既に見切りをつけて、自分で韓廷に使いするつもりでいたので、直ちに同意したが、使節には外務卿たる自分が行くと強固に主張する。西郷も、理論上正面からそれに反対は出来ぬ。それで中間に立って周旋した者もあったが、西郷自身は、「貴公は既に北京の好い処を見物して帰られた。朝鮮の方は、どうぞ私に譲って下さい」という調子で丸く相談を持ち掛けたので、副島も遂に西郷に譲った。自分よりも西郷の方が一段上の人物と思っていたからでもあろう。

西郷は、三条に第二回の閣議を矢のように督促して八月十七日に開かせた。大隈、大木ももはや已むを得ぬと諦めたと見えて、閣議は全く西郷の希望通りに纏った。西郷はその上奏を三条に迫った。三条はその翌日、当時御駐輦の箱根行在所に伺候して上奏した。聖上（天皇陛下）は使節派遣を御裁可になり、西郷を大使に任命の件は、岩倉等帰朝の上、更に審議して上奏せよと勅し給うた。西郷はもうこれで占めたと思い非常に喜んだ。板垣に送った手紙に、「条公御殿（三条邸のこと）より帰り、先生御宅（板垣邸のこと）まで飛んで参り候、足も軽く覚え候、もうは横棒の憂も之れ有るまじく、生涯の愉快この事に候云々」とある。ここまで漕ぎ着けた西郷の苦心は一方ならぬものであった。それを思うと、西郷の喜びの尋常でなかったのは当然であろう。しかも、それは愈々自分が死ねることになったのを喜んでいる次第なのである。

三条公への仰せの趣を見ると、吾々如き末輩の考えでは、問題は自然再議に付せらるることになる。そして西郷のいう通りにすれば戦争になるものと、誰でも思わざるを得ぬ。さすれば西郷の意見通りに決定するのは、即ち戦争を議決すると同然である。従って開戦の得失は更に慎重な議論を必要とする。ここが即ち岩倉等の帰朝の後、更に審議して奏聞せよと勅し給うた所以ではあるまいか。しかるに西郷がもう占めたと信じたのは、凡人のロジックには合わぬ。英雄にはまたおのづから凡人と違ったロジックがあるものと心得ねばなるまい。何れにせよ、西郷には胸中すでに成竹〔かねて胸中に描く計画。成算〕があったものと見ねばならぬ。西郷としては、これで既に基礎工事がすんだ、これからは相手に対する方略、即ちいわゆる作戦計画である。相手の方策のなお熟せぬ前、その陣容の未だ整わぬ間にと考えたに相違ない。

（2）第二段

岩倉大使の一行は九月十三日に帰朝した。三条は早速対韓問題を相談したが、岩倉は、大久保を参議に任じて入閣させ、木戸とともに尽力せしむることの急務を説いた。三条は一も二もなくこれに同意し、早速大久保を起たしむることに着手した。然るに西郷の方からは、閣議速開の催促が急である。岩倉はさすがに戦法を心得ていて、これに対して遷延策（引き延ばし策）を採り、その間に陣容を整えんと欲した。岩倉の養父具慶は岩倉の洋行留守に死去して、未だその喪に服することが出来ずにいた。よって岩倉は、帰朝後の今日、引籠って哀を致したいと願い出た。無論孝道を尽くすの精神に出たのは申すまでもないが、またこれを遷延策の道具に利用する考えがなかったとはいえぬ。

三条は大久保を参議にしようとして熱心に勧誘しているのに、大久保が頑強に辞退するので当惑してしまった。大久保の参議辞退は、ただ一応の辞儀ではなかった。彼の文書中に「全体此度の事は、深慮これ有り何《いず》く迄も辞退の決心云々」とあるのを見ても明らかである。然るに愈々已むを得ぬから拝命しようと内心覚悟しても、なお容易には承諾を言明しなかった。その訳は、三条は勿論岩倉と雖も、一旦決定した事は、如何なる困難が到来しても、決して変更せぬという見極めが付け兼ねるからであった。丁卯（慶應三年）から戊辰（明治元年）の初にかけて、大丈夫と思うていたのに裏切られたことは、しばしばあった。大久保はそれを忘れていない。深き仔細があって一旦出ぬと決心したその決心を飜えすのは、よくよくのことであり、容易ならぬ覚悟を要するのであったが、彼は到頭起つことに決心したのである。

御書面拝読仕り候、今小臣進退に就き御旨趣相伺ひ候処、確定の御目的詳細示し聞かせられ判然了得仕り候、此上は御旨趣を遵奉し、これ命これ従ひ、譾劣を顧ず砕身仕るべく候、仍て御請け此くの如くに候、誠惶謹言

明治癸酉十月十日　　利通

実美公閣下

具視公閣下

同日大久保は岩倉公宛に左の手紙を送った。

尊書拝読仕り候、御妨げ申上げ奉り候、扨て副島一条、別日に成され候云々、承知仕り候、昨朝両公御揃ひの御序、御願申上げ、御許可これ有り候に付、今日御用召は同様たる

べしと存じ居り候処、実に意外に存じ奉り候、伊藤の処は、今朝も御談合申上げ置き候通りにて、後日に御残し然るべき事に存じ居り候処、今日政府の御評議、何とか御子細これ有るべく、拝承いたさず候ては、甚だ不安心千万、只々御約束の相違いたし候を、小生に於ては了解いたし兼ね候次第に御座候、明朝は六時半御光臨なさるべしとの趣畏まり奉り候、其上何も御細話拝承仕るべく候、尊答まで艸々此くの如くに御座候誠惶

【御書面拝読致しました。お手間をお掛け致しました。さて、副島任命の一件は、別の日になされました由、承知致しました。昨日の朝、両公がお揃いのよい機会に、お願い申し上げ、御許可を頂きましたので、今日のお呼び出しはその事であろうと存じておりましたところ、実に意外に存じました。伊藤〔博文〕の方は、今朝も御話合い致して置きました通りで、後日に廻されて然るべしと存じておりました処、今日政府の御評議に掛けられる由、何か仔細がお有りかと存じますが、理由を伺わなくては、甚だ不安心千万で、只々お約束の違ったことが私には了解致しかねる次第でございます。明朝は六時半に御出座されますとのこと承知仕りました。その上で何もかも細かいお話を伺うことと致します。大急ぎで御書面へのお返事を差し上げる次第で御

座います。】

大久保は、副島の任命の遅るることを、左程には思わなかったのであるが、約束の当てにならぬことを、やかましく言ったのである。もうこ《ママ》そ安心と思ったのに、この様子では大事のこともどうなるかと、不安の念が兆したと見える。それ故、その訳を承わらねば承知いたしませぬぞとの意を、暗に示したのである。実は三条は、誰れ彼れの言に耳を傾けて、左程でもないことを大いに心配して、その決心を揺るがすごときことがしばしばあったようである。心中は不同意ながら、岩倉に引きずられることもあった。この点において、三条は、最後まで大久保を安心させる訳に行かなかった。大久保が、愈々参議拝命を決心してから、閣議に至るまでの両三日間にも、大久保をして眉をひそめしむるごときことが、ちょいちょいあった。

この間に西郷から厳重な督促があって、愈々十月十四日に閣議が開かれることになった。この会議の公けの記録もあるかも知れぬが、我々はそれを見ることは出来ぬ。大体は「大西郷全集」に載せられているごときことであったろうと思われる。それによると、木戸参議のほか全閣員ことごとく列席し、先づ三条太政大臣からこれまでの経過を報告して、閣員の意見を徴した。それが終わると、岩倉が悍然として起って、次のごとくに述べた。

朝鮮に大使を派遣する件は、なお熟考を要する。朝鮮の無礼はさることながら、いま大使を遣わせば、これを殺すか、或いは更に無礼を加うるか、何れかであろう。それ故、大使を派遣する以上戦争は覚悟の上でなければならぬ。且つまた朝鮮の背後には支那〔中国〕もあればロシアもある。たとえロシア公使の口約束（ロシア公使が我が外務卿に、ロシアは決して朝鮮に手を出さぬといったこと）はあっても、本国政府は指をくわえて見てもおるまい。迂闊に手出して国家百年の大計を誤ってはならぬ。顧れば我が国の現状は人智いまだ開けず、国力は疲弊の極に達している。況んやまた樺太問題のごとき急に解決を要する問題もある。この上戦争など起しては、実に容易ならぬ次第である。さような無謀な議には、我等到底同意が出来ぬ。

西郷は直ちにこれに応じて、〔述べた。〕

樺太問題を片付けてから、朝鮮問題に及ぼうということなら、遣露〔ロシア派遣〕の使節はこれを不肖〔私〕に任ぜられたい。しかし朝鮮へ大使派遣の儀は、八月十七日の廟議で、既に決定しているものである。今更その是非を議すべき事ではござらぬ。

岩倉は、すかさず答えた。

今日の廟議は何のために開かれたのでござるか。そのことの是非を論ずるためではござらぬか。樺太問題の処分は外務卿の任務でござる。外務卿が命を奉じてロシア政府と談判し、ロシアをして朝鮮に対する野心を絶たしめねばならぬ。但し、それには相当の時日を要する。我が政府は、この間に内治を整えて、外征に耐えるだけの実力を養わねばならぬ。

この時、板垣は、樺太問題よりも朝鮮問題の方が急務であると論じ、大久保は、朝鮮問題は暫く時機を待ち、先づ内治を整え、国力の充実を待って後、海外に及ぶのが順序である旨を述べた。すると西郷は、時機は今である。一日を緩うすべき時ではない。内治のことは対韓問題進行中と雖も、遣れぬことはない。

と反駁した。大久保は、

いやそれが問題である。もし談判が調わなかったら、兵を動かすの外はあるまい。それでは実に国家の大事、内治のごときは、全くその犠牲にならなければなるまい。

と応じた。西郷は、

それは貴公の勘違いじゃ。この事は既に閣議を経て決定している事である。

と蒸し返し、大久保は、

前閣議はどうであったか、それは拙者どもの知らぬ事でござる。

と突放した。西郷は即座に、

然らば貴公は、貴公たちの留守中に極めたのが、不服と言わっしゃるか。拙者どもも参議でござる。貴公等が不在じゃからとて、国の大事を抛って置いては、拙者どもの職務が立ち申さぬ。留守の参議が皆集って極めた事に、何の悪い事がござるか。三条太政大臣も御同意で、既に聖上〔天皇陛下〕の御裁可まで経てござるぞ。

と反撃した。三条は心配げに頭を垂れていた。大久保は更に、

拙者どもの不在中は、大事件は極めぬという約束ではござらぬか。

と、始めて切札を出した。西郷は「誰と左様な約束がござるか」と押し返し、大久保は、「留守の参議諸公とでござる」と応酬し、西郷は「誰かの発議で、そんな事もあったが、それは無理と申すもの」と弁じ、大久保は「今となってそれは卑怯でござろう」と詰り、西郷

は「控えなされ、誰が卑怯でござる、貴公の心にお問いなされ」と、憤然卓を叩いて、息ははずんでいた。その後暫くは、一言も発する者がいなかった。

その後の議事はここに掲載を要するほどのものでない。この日は遂に何等決するところなくして散会した。翌十五日の会議は、議論は既に尽きているので、西郷は欠席したが、木戸以外の閣員は全部列席した。この日、大久保はその主張をいっそう強く繰返し、板垣と副島がこれを反駁した。三条と岩倉は、その裁断に苦しんで、暫時、参議一同を退席せしめて、二人で協議した。そして西郷の意見を容れねば西郷は必ず辞職する。然るに同人の進退は直に国家の休戚に関係する。已むを得ぬから、西郷の意見を通させねばなるまいと極めて、再び参議一同を呼び入れて、右の趣を申し渡した。大久保は「斯く御決定の上は、最早拙者においては、何も申上ぐべき事はない。但しそのために、拙者の意見は少しも変る所はござらぬ」と申し述べて退席した。大久保の日記によると、大久保は十四日の閣議の形勢を見て、三条、岩倉の考えが、或いは動くかも知れぬと感じ、その夜三条と岩倉に対して、もうかこれ国策の得失については申上げぬ。西郷の意見採納然るべしとのお考えなら左様なさるるが宜しい。但しそれに拘わらず、私の意見は聊かも変る所はありませんとの意味を述べたものと察せられる。十五日の閣議で、いっそう強くその意見を主張したのは、多分そのためであったろう。

一日おいて、十七日にまた閣議が開かれた。西郷は早朝から出席していたが、岩倉と大久保は出席せぬ。大隈、大木も出席せぬ。三条は出席の閣員に対して、「国家非常の大事件は、閣員総出席の上、評すべきである。然るに今日は、征韓説の閣員のみの出席で、反対説の閣員は一人も出席がない。ついては、もう一日閣議を延期する外はない」と告げた。しかし西郷は中々承知せぬ。三条は只々嘆願するのみという態度であった。西郷は、わざと三条に摺り寄って、日本建国以来の立場、対アジアの経綸から、対露対韓の関係に至るまで最も真面目に論述した。そして最後に、

今、拙者の申すことを聴かれぬと、後日に及んで、今の倍もまたその倍も骨の折れる時が来ますぞ。貴公は拙者より十一歳も年下じゃから、いずれ拙者より跡まで生き残られることであろうが、只今拙者が申したことを能く覚えていて貰いたい。

と附け加えた。この日もまた何等の結果を見ずして散会した。但し西郷は「明日は、どんなことがあっても必ず奏聞する」という言質を、三条から取って置いた。それでも西郷はなお

不安心に思うて、これまでの顛末書を作って三条に送った。その末段は次のごとくであった。

（上略）未だ十分尽さざるものを以て（武力を示さずして、尽さるるだけの手段は尽すべしとの意ならん）彼れの非のみを責め候ては、其の罪を真に知る所これなく、彼我ともに疑念致し候故、討つ人も怒らず、討たるる者も服せず候に付、是非曲直、判然と相定め候儀、肝要の事と見据ゑ建言いたし候処、御採用相成り、御伺ひの上、使節私へ仰せられ候筋、御内定相成り居り候次第に御座候。此段成り行き申上げ候、以上。

十七日に至り大久保は辞表を上り、木戸もまた辞表を差出した。

前記閣議に関する記事は、主として「大西郷全集」に拠ったのであるが、実際あの通りであったか否かは、いささか疑いもある。『大久保利通伝』に拠ると、大久保は閣議に際して、西郷に向って意見を述べずして、岩倉に向って自説を述ぶる態度を取ったとある。著者勝田〔孫弥〕氏が自己の想像で、あんな風に書いたものとは思われぬ。何か拠る所があったのに相違ない。「大西郷全集」の記事に見ゆるごとき心持は、多少両者にあったでもあろうが、向き合って、あんな言葉を取り交わしたと信ずるには、いささか躊躇する。「貴様は卑怯だ」、「ナニ卑怯とは貴様のことだ」などというのは、通常人の用いられる台詞である。こんな言葉を用いて、議論を上下したのでは、議論の品格も下がり、また少しも腹芸が見えておらぬ。元来西郷も大久保も腹芸の大家なのである。

三条は恐らくは、十七日の夜、岩倉を訪うて、十五日の閣議の次第を述べ、西郷の顛末書をも示して、今となっては、これを奏聞する外に策なき旨を説き、岩倉の同意を求めたものと察せられる。然るに岩倉はそれに同意しなかったらしい。三条は已むを得ず、その儘帰宅すると、大木が来訪して、種々意見を陳し、やがて両人同道して、再び岩倉を訪い、徹宵議論を続けたが、それでも岩倉は動かない。ついにまた帰邸して参内の用意中急病を起して人事不省に陥った。そのため西郷の方でも困ったろうが、その反対者の方でも同じく困った。

二十日、車駕三条邸に幸され〔天皇三条邸へ行幸〕、親しく三条の病状を聞召し給い、それより岩倉邸に臨ませられ、左の勅語を賜うた。

国家多事の折柄、太政大臣不慮の病患に罹り、朕深く憂苦す。汝具視、太政大臣に代り、朕が天職を輔け、国家の義務を挙げ衆庶安堵候様、黽勉努力せよ。

以上の成り行きは大久保の発意であった。二十二日大久保が岩倉に送った手紙の末段に、

扨も明日の処、国家の安危に係る御大事、唯々御一身に基する一挙と存じ奉り候、去りながら不抜の御忠誠、必ず御貫徹あらせらるる事と、毫も疑を容れず候。つらつら往事を追憶すれば、丁卯（慶應三年）の冬、御奮発、一臂の御力を以て其本を開かせられ、終に今日に立ち至り候処、豈に図らん、此の如き大難を生じ、偶然御責任に帰し候も、畢竟天賦と云ふべし。是れ閣下をして始終を全うせしむるの意乎と愚考仕り候、実に御大儀ながらご負担下され候様千祈万祷仕り候、誠惶頓首

【それにしましても、明日の閣議のことは、国家の安危にかかわる大事でありますが、唯々閣下の御一身の断にて決まる一挙と考えます。とはいえ、閣下の堅忍不抜の御忠誠は、必ずこれを貫徹されますことと、聊かも疑ってはおりませぬ。つくづくと過去の事を回想すれば、慶應三年の冬〔王政復古の大号令渙発の際〕には、御奮闘になり、そのお力で明治維新の本を開かれ、終に今日の状態にまで立ち至りましたの

に、思いもかけず、この〔征韓論の〕ような大難事が発生し、偶然その処理の責任が閣下の肩に懸りましたのも、詰りは天の配剤と申してよいと存じます。これは天が、閣下をして始めたことの終りを全うさせようという意味かと愚考致します。実に御面倒な事ではありますが、この責任をお引き受け下さいますよう、衷心よりお祈り致しております。】

文中「疑を容れず」の一句により、大久保にはなお一点の不安があったと察せられる。然るに岩倉の返事は左の通りで、今度という今度は、書面の文字通りに実行し、相手方の西郷にさえ褒められたのであった。

来翰一見、昨夜は御苦労に候。その砌の二冊御返正、落手せしめ候。明日云々のこと、敬承、不肖実に恐縮の至りに存じ候へ共、不抜の覚悟、決して御懸念下されまじく候。御請けまで此く如く候也。

【御書翰拝見、昨夜は御苦労様でした。その折にお貸した二冊の本の御返却、落掌致しました。明日の件であれこれ御述べのことは承りました。不肖の身で誠に恐縮至極に存じますが、不動の覚悟をしておりますので、御心配は決して御無用であります。承引のしるしまでに一筆認めました。】

西郷は副島、江藤、板垣を同道し、明日を待たず岩倉邸に赴き、西郷先づ口を開いて、

朝鮮遣使の儀は、太政大臣既にこれを決し、将に十八日をもって上奏、宸裁を仰がんとせられたるに、不幸にして太政大臣俄然大患に罹り参朝すること能わず。然るにかくのごとき大事の施行をして、徒らに時日を遷延せしむるは、国家の長計にあらず。敢えて請う、閣下明日をもって、発令の順序を決定せられんことを。もし閣下もまた疾病の故をもって、参朝する能わざる時は、宜しく参議をしてこれを摂行せしめらるべし。

と述べた。岩倉はこれに答えて、

かかる大事は摂行せしむる訳には行かぬ、且つ予が三条と意見を異にするは、卿等の既

に知悉する所である。今予が太政大臣の事を摂行するからには、予の意見もまた具奏せねばならぬ。ついては、明日疾を力めて参朝し、両説を併せ奏して宸断を仰ぐことにする。卿等はしばらく御諚の下るを待たれよ。

と宣した。これに対して江藤は、

代理人は本人の意思を実行すべき筈で、代理人自身の意見を行うて、本人の意思を顧みぬのは不条理である。且つ両説を併せ奏して宸断を仰ぐのは、責任を聖上〔天皇陛下〕に帰し奉る結果となり、輔弼の臣の取るべき道でない。

と突っ込んだ。岩倉はまたこれに応じて、

予は三条に頼まれて、彼の代人となったのではない。聖旨を奉じて太政大臣の代理を勤むるのである。本人の意思以外のことをなしてならぬ道理は決してない。ただ輔弼の臣たる職分を尽すまでのことである。既に諸参議の意見が一致せぬ以上は、両説を併せ奏して、宸段を仰ぐ外に途はない。この際、尋常の事例をもって論ずるのは不当である。

と反撃した。それに続いてなお激論もあったけれども、岩倉は「諸氏が何といわれても、予の目の玉の黒い内は諸君の思うようにばかりはさせぬ」と断言した。そこで一同は「それでは致し方なし」とて退去したが、この時、西郷は「右大臣ドンな、能く踏ん張りやった」と嗟嘆したのであった。

岩倉は四参議が辞去した後、直ちに大久保に書を寄せて、四参議と議論を交えたことを報じた。その中に、

どんな事があっても、自分の意見も併せて奏上すると主張した処、四人は「それでは致し方なし」とて相分れ候。彼等より進退の咄《はなし》も持ち出さずして引き取り候。その様子にては、恐らく赤阪(皇居所在地の意)出張も計り難く存じ候。別紙徳卿(宮内卿兼侍従長徳大寺実則のこと)御返事、御一覧置き給ふべく候。

とある。西郷等が直接拝謁をを願い出て、直ちに宸裁を仰ぐ如きことあるやも計り難しと考

えて、徳大寺に警戒の手紙を出し、徳大寺からその返事が来たのであろう。大久保は岩倉のこの手紙に対して、「大丈夫ではありませんけれども、余程御用心なさらぬと、あぶないですよ」という意味の手紙を出している。これまでに多くの「ならず者」と接触した人の用心は、また格別である。

岩倉は二十三日に参朝して、具《つぶ》さに三条及び西郷等の論旨を陳奏し、それについての意見書を上った。聖上〔天皇陛下〕におかせられては、

国家の大事たるにより、朕之を熟思し、明朝を以て之に答へん。

と勅し給うた。西郷は、この日、病気の故をもって参議、陸軍大将、近衛都督を辞するの表を上った。翌二十四日、後藤、副島、江藤、板垣もまた辞表を上った。

二十四日お召しにより、岩倉が参内すると、左の勅書を下された。

朕継統の始より、先帝の遺旨を体し、誓て保国安民の責を尽くさんとす。頼に衆庶、同心協力、漸く全国一致の治体に至る。是に於て国政を整へ、民力を養ひ、勉めて成功を永

遠に期すべし。今汝具視の奏状、之を嘉納す。汝宜しく朕が意を奉承せよ。

岩倉は早速、勅書の写しを、大久保、木戸、西郷、副島、後藤、板垣、江藤へ使をもって届けさせ、同時に木戸、大久保へは辞表却下の旨を、岩倉より通じた。

西郷には、二十五日、左の辞令が下った。

参議近衛都督免ぜらる、陸軍大将故の如し

副島、後藤、板垣、江藤は、参議を免ぜらるる旨の辞令が下り、同時に「御用これ有り、東京滞在命ぜられ候事」という命令があった。即ちいわゆる「足留め」である。

岩倉は、西郷の進退については、殊の外心配した。その大久保に送った手紙に「一度議論が合はなかったからとて、それ切りで直に別れて仕舞ふのは、実に残念である。貴殿と西郷、木戸の三人は、御引き留めに相成り、速に出勤相成るやう、取り計らひたい心得である」と書いている。これに対して、大久保は西郷のために次のごとく弁じた。

御尤もの御趣意に候へ共、速に辞職（西郷の）御聞き届けこれ無くては当人の為めに宜しからざる儀これ有り、内願仕り候次第に御座候。去りながら、何も御気遣ひ下され候様の事は御座無く候につき、其段は御安心下さるべし云々。

【尤もな御意見ではありますが、速かに西郷の辞職を御聞き届けになりませんと、当人の為によろしくない訳がありますので、ひそかに御願い申し上げる次第で御座います。何ら御気遣いになるようなことは御座いませんので、その点は安心下さいまし、云々】

岩倉は西郷について、どう心配したのか分からぬが、大久保は西郷が「何をするか分からぬ、苟《いやしく》も意に満たざる所あれば為さざる所なしと云ふ類の人物」でないことを保証したのである。「知己」というのは、こんなのを謂うのである。一から十まで意見を同じうするのが、「知己」の必要条件ではない。大久保は飽くまで、西郷の人物を信じていたのである。然るに明治十年その確信が裏切られた時、大久保は両手で顔を掩うて、シクシク泣きじゃくりつつ、縁側を幾回となく往きつ戻りつしたのであった。これは確かな事実である。大久保の胸中はただ千万無量で、泣くより外に仕方はなかったのである。

四、近衛将校の慰撫

二十五日、徳大寺実則は旨を奉じて、近衛将校の陸軍少将篠原国幹、中佐白戸隆盛、山地元治、北村重頼、少佐万年千秋、岡沢精、山口素臣、黒木為楨、吉松秀枝、興倉知実、岩崎長明、大尉江田国通を召したが、国幹は病と称して朝せず、上〔天皇〕、小御所に出御ましまし、親諭し給うた。勅語に曰く、

西郷正三位、辞表の趣ありて、参議近衛都督等を差免じ、尤大将如旧申付置けり、元より国家の柱石と依頼致すの意に渝《かわ》ることなし、皆々決して疑念を懐かず、是迄の如く職務を勉励せよ。

この時、西郷、桐野等は、辞表を上りたるまま帰国した、との風説を信じて、鹿児島出身

の近衛士官は、急遽帰途に上った者が百余人あった。そこで廿九日、〔徳大寺〕実則はまた旨を奉じて篠原以下百四十余人を招いた。篠原はこの度も病気なりとて参朝せぬ。その他にも病気なりとて参朝せぬ者が多かった。上、また小御所に出御ましまして、佐官に親諭し給うた。勅語に曰く、

汝等を呼出したる趣意は、書面之通なり。是れ国家の重事に関し、容易に示諭すべきの訳に非ずと雖も、近状聞込の儀もあれば、朕憂慮の余、汝等迄に之を示さざるを得ず。汝等此旨趣を以て隊下一同へ懇諭し、朕が意を奉読せしめ、一層勉励せしむることを得ば、満足に堪へず。聞く汝等の内、病を抱ける者ありと、朕が意を了して、力疾勉励すべし。

実則は勅書を授けて、これを拝見せしめた。その文に曰く、

一新の業、日浴からずして、未だ其半に至らず。今や一層努力するに非ずんば、成功期すべからず。況んや北地の事情、其余国事多難、内外不容易〔容易ならざる〕形勢に際

し、朕深く之を憂ふ。汝等宜く朕が意を体認し、一層勉励其職を尽さんことを望む。

更に親諭があった。勅語に曰く、

前件に付、陸軍官員の中より、遠地に派出すべし。猶追て達すべければ、心得迄に内示するなり。

また尉官にも親諭し給うた。勅語に曰く、

只今委曲の趣意、佐官中に示諭す、汝等之を了得し、一層勉励其職を尽さん事を望む。

近衛将校中、辞表を差出した者は、願いの通り免官となったが、前記親諭に依って辞表を取戻した者も少しはあった。決意の堅くない者には親諭の効があった。しかし鹿児島出身の者は多くは帰国して、近衛の士官は少なくなったとのことである。

西郷は辞表を差出すと、すぐに見えなくなった。それがため、帰国したとの風説が立ったのだが、実は向島辺の旧庄内藩出入の米屋の別荘にいたのだそうな。廿八日になって、品川沖から乗船し帰途に上った。忘義唱和平秦檜多遺類（「義ヲ忘レ和平ヲ唱フ、秦檜遺類多シ」……秦檜は、南宋の宰相。侵入した金国と講和し、抗戦を主張する岳飛を獄死させたため、後世奸臣の典型とされるに至る。）と咏じたのは、この帰りの途上でのことだったろう。西郷にはそんな気分がしたのだろう。「陸軍大将故の如し」の数字は、大久保の発意たること前記の通りである。実に万斤のピストンの響を聞く思いがする。これが征韓論の幕であった。

五、征韓が実行されたとしたら

日本の領土拡張のため、その第一歩を朝鮮に印するの利害得失が、始めて内閣の議に上ったのが、即ち「征韓論」である。一方では、急がねばならぬ、延ばすのは大いによくないという。一方では、もっと国力が充実してからでなくてはいかぬ、今ではなお国力が足らぬ、芽の出かかった少々の産業さえその芽を摘み取らるることになって後戻りする、順序が違う、というて反対した。この時は順序を追うた方がよかったろうけれども、理論としては、順序説は必ずしも墨守すべきものではない。これを証明すべき事実は頗る多い。よい道路が出来てから車を用うるのが順序といわねばなるまいが、日本のような国には、自動車を持ってきても仕様がないといいたくなる。然るに自動車を使用するようになって、道路がよくなった。人力車は坂の傾斜を緩にした。馬車がまた道路をひろげ、且つ傾斜を緩にした。

予〔私〕が官途に就いて間もない頃、樺山〔資紀〕将軍が、「秋月さん、家屋敷は作っちょくがよかど。借金してでもナー。銭は自然に浮いて来るもんじゃなかど。借金な、もどさんにゃならぬからナー」というて下さったことがある。その時は左まで感心もしなかった。自分の邸宅を持つようなことが、一生の中にあろうとも、思わなかったからでもあろう。然るに邸宅のことはどうでもよいとして、この考え方の応用は実に広い。樺山さんは軍事、政治、その他諸般の上に、これを応用されたのであろうが、予〔私〕も年を取るに従って、益々感心を深うする。

あの時、西郷の意見通りに行われていたら、大陸政策上、今日は大いに楽をしたのに、惜しいことだったという者が沢山ある。予〔私〕はそうは思わぬ。あの時やっても、今日は何の痕跡も残っておるまい。何も残らぬのみならば、害は小であるが、あの時やっていたら、朝鮮から、延いては極東世界の問題に拍車をかける訳になる。摘みとって、これを保有する力の足らぬ内には、爪牙は示さぬものである。むしろ問題を眠らしておくことを考えねばならぬ。極東のことは今暫く暗がりにして置くべきだったと思う程である。日本は既に世界の大問題に拍車をかけた。もしも日本が今まで何もしなかったら、欧州の現在の戦争は起っていなかったであろう。あの時朝鮮征伐しても、今は跡形は残さなかったろうけれども、西郷は自分の血で、朝鮮の土地を染めておいたら、早晩日本の物になると信じていたかも知れぬ。但しこれは議論の範囲外である。

六、征韓論人物短評

(1) 三条実美

このお方は、朝鮮に関する政策について、問題の置き様に関する良い意見を持っておられた。これについて岩倉へ示された書き物がある。然し、即今、朝鮮問題を如何に解決したらよいかについては、定見はなかったのではないか、その点は大いに疑われる。三条公の頭には、西郷問題しかなかったのではないかと思われる。西郷はそこを見ぬいて、三条公を苦しめたかに見える。公の考えが幾度も変ったのは、そのためであろう。失礼ながら、征韓論に関する限り、公には惑星という名称が献上したくなる。御自分のことが、どうのこうのという考えは、少しもなかったと思う。実に尊いことである。

(2) 岩倉具視

この人物は三条とは違っていた。この人がいなくては、大久保の意見を貫くことは出来なかった。但し征韓論に関しては、大久保、木戸の意見の外に、岩倉自身の何物かがあったろうか、恐らくは別にはなかったのではあるまいか。

後に大久保の意見書の一部を載せるつもりだから、このことはそれに譲ることにする。尤も太政大臣代理として宸裁を仰ぐ時に差上げた意見書が二つあるが、征韓問題に関して特記する程のことはない。岩倉もまた、一身上の利害などは、少しも念頭にはなかった。なるべく穏かに纏めたいという考えは、両公に共通であったようである。唯その程度に差があったまでであろうか。

(3) 板垣退助

板垣は、領土が取れるものなら、取るべしという考えであって、別に仔細はなかったのであろう。裏も表もない征韓論者であった。西郷は、何等の懸念もなく種々の仕事を頼んで、大いにその助けを得たようである。西郷が態々死にに行くというのを、征韓派の参議たちは然らば宜しく頼みますといった風に見えるので、大分不思議に思っていた処、板垣も心配になったと見えて、西郷にその不審を持ち出して見た。

これに対する西郷の返書は、その意味が中々分らぬ。陽明学か禅学の大家でなくては、一般の者には分るまい。あんなに死にたがるなら、死なしてもよいじゃないかといった人もあろう。またナアニ死ぬような下手なことをするもんかといった者もあったろう。

（4）副島種臣

副島の征韓意見は如何。それは大体板垣のと同じであったろうか。但し、副島は何処までも学者であった。而も漢学の大儒であった。長崎で英語を学び、西洋人にも接している。外務卿となってからは、常に欧米の顧問が附いていた。英書も読めたかも知れぬが、和漢訳の洋書は沢山読んでいた。けれども頭は何処も儒者的であったと思われる。

故に彼の帝国主義は古典的帝国主義だったというべきであろうか。もしも副島に向って、西郷は自ら朝鮮に使いせんことを求めているが、一体あれは善いことか悪いことかと問うたら、副島は多分こう答えたろう。「一身は軽いものだ、唯道に従うのみである。西郷の求むる所は、決して道に反しないから、自分はこれを止めない」と、事もなげに答えたであろう。「先生も前には、自ら使節たらんことを望まれたが、先生も死なれるお考えでしたか」と問うたら、副島は、「勿論くそ《ママ》」と答えて微笑を洩らしたであろう。

(5) 江藤新平

江藤が真心で外征を求めていたことは疑われぬ。彼は死に臨んで、海を越えずに死ぬのが残念だと喚んだといわれる。如何にもそうであったろう。彼の帝国主義には、西洋気分を多量に含んでいた。それには彼の気質が然らしめたのであり、また佐賀学の影響もあったろう。副島にも、佐賀学のにおいがするけれども、感受性が別だから、育ち様もまた別である。

江藤はまた西洋学も出来、彼地を踏んだ若い逸物、同藩の香月経五郎、山中一郎、日向飫肥の小倉処平等を愛し、見聞談や議論に耳を傾けたから、彼等より得るところもあったろう。江藤は外征に依って、薩長二藩の勢力を打破するまでには行かなくとも、少なくもこれと頡頏《きっこう》するまでに至りたいとの考えがあった。この目的のために、大隈〔重信〕の袖を引いて見たが大隈は応じなかった。江藤は西郷使節のことはどうでもよい、征韓が行われさえすればよいとの考えであった。〔江藤の〕岩倉への手紙の中に、或は又討鮮の儀は、名義は既に十分に付、西郷の不服を御顧み之れ無く、使節御止め、即今より直に討鮮御決定ありて、其御運これ有り候はば、是れは又一条の道理に御座候。

【或いはまた朝鮮討伐のことは、大義名分は既に十分に立っているので、西郷の不満などにはお気遣いされず、使節の派遣はお取止めになり、只今より直ちに朝鮮討伐を御決定になって、その御運が御有りでうまく行くのであれば、これはまた一つの道理と申すもので御座います。】

とある。江藤には西郷は気を許していなかったらしいが、その筈である。但し江藤が征韓そのことに熱心であったことは確かである。もし江藤等が西郷抜きで征韓をやれば、薩に対して一層威張れる訳であった。兎も角一筋縄ではいかぬ男であった。彼は知慧もあるように見えたが、それ程ではなかった。というのは、前記の手紙の趣によると、彼は岩倉が外国出兵そのことに大反対のことを知らぬのか、また西郷を向うへ廻しては、岩倉の有難味は半減するのだから、江藤の意見を容れぬことは明らかである。江藤にはその後にまた手があったのであろうが、とかく大久保というものが、江藤の目の前にチラついて気になって仕方がなかった。大久保の方でも、これを感じていたらしいことが見える。こんなことも江藤が征韓を主張する原動力に加わっていると見て然るべきである。

（6）後藤象二郎

後藤には、朝鮮の事なんかは、どうでもよかったのである。何のために征韓を唱えるかと問われた時、後藤は兎に角、西郷がやられたら、跡は面白くなろうじゃないかと、事もなげにいったとある。また或る書には、ただ単に、兎に角面白いじゃないかといったと見ゆる。同一の話が、詳略二様に伝えられたのか、或いは別の話か知らぬけれども、後藤の腹の底は、この辺であったろう。

慶應三年から四年にかけて、岩倉、大久保を相手に闘って、素晴らしい腕前を示したが、遂に負けた。力が足らぬのでも、下手にやったのでもなかった。またそれを含んだり怨んだりするような男ではなかった。然し、春場所ではやられたが、夏場所では……位の意地のない男ではなかった。そんなことが、征韓論で西郷に与みするに至った所以であろう。

後藤と江藤が参議になったのは、西郷がこれを与えたのか、抑々二人の者がこれを求めたのか。二人は温良恭倹譲をもって、これを得たのでは勿論ない。何ともいうにいわれぬ奇計をもってこれを得たのであり、またこれを求めたのであろう。所謂彼の世人のこれを求むるのとは全く異っていたのであろう。西郷は万事をよく承知の上で、半分は騙《だま》されたような顔をして二人に参議を与えたのであろう。

(7) 西郷隆盛

侯爵大山〔巌〕は、或る人の問いに答えて、征韓論は旧兵隊のためだったと、はっきりいったことは、全く確かなことで、親密で且つ信用も得ていた大山の言に疑いは挟まれぬ。この人ほど西郷のことを能く知っていた人は外にない。ただ弟の従道のみが大山と同列に置けるだろう。旧兵隊の始末に付いての苦心談は、度々聞かされたに相違ない。外患でもあってくれればよい位のことも聞いたろう。朝鮮のことも聞いていたかも知れぬ。それに拘らず予〔私〕の意見は前述の通りである。

大山の話はそれとして、西郷の征韓は大陸経略の第一歩として目論んだのだということもよく聞く所である。世間一般にはそれで通用している。西郷自身からその話を聞いた人もあったに相違ないと、予〔私〕は信ずる。但しその証拠はもたぬ。けれども、もし聞いた人があったら、西郷は大陸経略のために征韓を主張したのだと信じたろう。誰でも各々その聞いた分を全部と思うのである。閣議の準備として西郷がいうたのでない以上、それが全部とはいえぬ。それにしても疑いはなお存し得る。西郷は思うたことの端緒位しか、口に出さぬ場合が多かったろう。そのためにその考えが正解されずに、人を誤り、また自分の迷惑にもなったと思う。外征のことを聞いたのは、主として旧兵隊側の者であったろう。西郷としては、なるべく考えを外に導いて、内政を乱ることなからしめようという考えも加わっていたのであろうが、聞く者にはその辺の弁えが、極めて不充分であったろうから、大いなる間違いとなったのではあるまいか。

教うる人は、教えらるる者の感受性を、よく考量せねばならぬ。智仁勇の三徳の間に、軽重のないことは、よく教えて置いたからとて、その倶では教育家の義務は済んでいない。聞いた者にどう響いたかと、篤と点検して見た上で、また施す所がなくてはならぬ。西郷にその辺の注意が届いていたろうか、生意気ながら少々疑いたくなる。西郷は何事も皆までいわずに半分か三分の一位で止めて置くのみならず、たまにはいった方がよかったろうにと、我輩に思わるることを、少しも口外しなかったこともある。例の西郷暗殺云々のことの如き、大久保がそんな馬鹿なことをせぬのを知っている者は、西郷に及ぶ者はない。然るに、それについて、西郷は唯の一言もいうておらぬのみならず、何だか信じたらしいような顔をしていたようである。そこにどんな深い考えがあったのか、燕雀の我輩には分りかねる。〔岩倉大使一行の帰国の前日、西郷が送った明治〕六年九月十二日附の別府晋介への手紙の中に、

「先日は北村参り候て、是非つれ行き呉れ候様申し候に付、いまだ発表には不相成候故、其節に至り候はば、都合致し可申旨返答いたし置申候。土州人も一人は死なせ置き候はば、跡がよろしかるべしと相考へ居申候。此節は第一種蒔に御座候間、大に跡の為めに相成り候はんと相考居申候。如何に被思食候哉。貴兄之御考も承り度相考居申候。可宜御見込候はば、直様其方に振向け可申、何分御返事奉待候。」

【先日、北村〔陸軍中佐北村重頼?〕が来まして、是非自分を朝鮮に同行させてくれといいますので、まだ発表にはならないこと故、そういう時が来たら、都合をつけ

て同行するようにしようと答えて置きました。土佐の人間も一人は自分と一緒に死なせて置けば、後々のために宜しかろうと考えております。現在は第一種蒔きでありますので、大いに後々のために成るであろうと考えております。これをどう考えられますか、貴兄の御考えも伺いたく思っております。何か良い御見込みがお有りならば、すぐさまその方に同行役を振り向けましょう、何分のお返事を下さるようお待ち致します。】

とあるが、これは西郷が使節に立つ時の随行者のことである。跡が宜しかるべしという、この跡とは、どんな意味か。「此節は第一種蒔」とあるを見れば、前に述べた如く、朝鮮の土を血で染めて置くことではあるまいか。西郷には深い考えがあったろうが、それは多くの人には分らぬ。旧兵隊始末のために朝鮮征伐を思い付いたと片付ける訳には行くまい。大山にあんなにいったのは、何か外に訳があったのではあるまいか。序でに申す、城山で「然らば御免」との一言とともに、西郷の頚に刀を下したのは別府であった。また、「征韓論に付いて、別府が大に西郷の謀議を助けた事はよく知って居る」と板垣がいったと、「大西郷全集」に見えている。

在欧中の大久保に寄せた西郷の手紙中に、「破裂弾中に昼寝致候」とある。これは近衛都督になった時のことである。近衛兵の不平の甚しかったことが、これで分る。同じ手紙中に「此三県（薩長土）の兵が、天下に大功ある訳にて、廃藩置県の一大難事も、これが為め難論を起し候処も無之、誠に王家の柱石にて御座候、この如き功績これあるものに、疵をつけ候ては、残念の至〔に〕御座候間、来春迄には悉皆解放致し候賦に御座候」とある。これは近衛兵としての始末を談ずるので、旧兵隊全部のことでもなく、またその解放後の処分の問題もあるのである。ともかく西郷は兵がかわゆくてたまらぬのである。それを去勢して駕御したくないのみならず、武勇の気風は益々養いたいのだから、苦心は一と通りでなかった。つまり能く遣りおうせなかったというて然るべきか。

西郷は、岩倉大使一行の出発に臨んで、出る者と、残る者との間に、箇条書きにした約束書がある。然るに西郷は全然これを無視したとしか思えぬ。この心理は我輩には読めぬ。実に西郷にも似合わぬこととまで思う。副島はこの約束には加わらぬとて、大いに頑張ったる由、それは尤もである。西郷は何ともいわなかった。寻寡をくくっておったのだろうとか、英雄欺人的のことが西郷には少くない。西郷が、朝鮮問題を実際問題として取り上げることに極めたのは、いつだったか。これが分ると、西郷の心理を解する上に、大いに便を得るけれども、予〔私〕はそれに必要な材料を得ることが出来なかった。また測定する力もない。島津齊彬は徳川齊昭に、「私の家来に西郷吉之助と申す者がござる。役に立つ者でござる。然し癖がござる。私でなくては使へませぬ」というたとのことである。してみると、西郷は轡《くつわ》のいる人物と、齊彬は鑑定したものと見える。

(8) 大久保利通

大久保は、岩倉大使一行に、副使の名義で〔加わり〕、四年十一月米国に向って開帆した。廃藩ということは実に重大な処置であった。大名の行列を見たことのない者には、余っ程考えぬと、その重大の程度が能くは分らぬ。廃藩置県の詔命が下ったのは、四年六月である。大久保は、もう大丈夫と見定めをつけたに違いない。その後半年たつかたたぬに、海外に出て行くとは、大胆か軽率か、または無責任か、その外には出でぬとの批難もあったようだが、無理な批難ではない。従って一人としてこれを止めぬ者はなかった。岩倉も止め、伊藤も止めた。西郷も止めたとのことである。元田永孚も止めた。大久保はその理由を委細岩倉に説明し、是非やって貰いたいと頼んだ。その理由は、察するところ、日本の組織に取り掛らねばならぬが、それはどうすればよいか、胸中既に案はあるけれども、一度親しく欧米の地を踏んで、ざっとでも実際を視ねばならぬと考えたのだろう。

廃藩置県をもって旧物の片付けは終った。これから建設である。のろのろしている訳に行かぬ。一日でも早く取りかからねばならぬ。一度欧米を視て、自案の可否も考えねばならず、そうして着手してよい事には、早速着手せねばならぬけれども、これも一度欧米を一見した上のことにしたい。既に馬種改良にも着眼して、少しはやりかけた。監獄改良も考えていた。そんな次第で西洋に行かぬ訳にゆかぬ、また延ばす訳にもゆかぬ、これが大久保の胸中だった、と予〔私〕はこう見る。そんな考えで勉強して視察している処に、急いで帰れとの太政大臣〔三条実美〕よりの命令が来た。どんな訳かは察してはおったが、帰って見ると容易ならぬ形勢である。西郷も大概にしておいてくれればよいのに、それが西郷の例の癖である。征韓論の勢は決して侮るべからず、大久保は西郷に対坐して説いたけれども、いっかな〔西郷は〕聴かぬ、終に宸裁を得るまでに至った。〔大久保は〕大切な人物を死なして済むものかと思うたに相違ない。西郷派遣の事は、岩倉の帰朝を待って審議した上、更に奏問せよとの保留は三条の考えで出来たのかも知れぬが、大久保の手が入っていないとは、誰が断言し得るだろう。宮内省には吉井幸輔もいる。この考案が成って、吉井等にこれを授けて、〔大久保は〕当分用はないと考えて、東京を去り、温泉に行き、関西までも行った。岩倉が帰るまで用はないと思うたからであろう。しかして岩倉の東京着の二、三日前に東京に帰った。

高島鞆之助は、大久保が征韓論に反対したのは、西郷を死なすまいためであったと、或る人に明言したる由、『大久保利通伝』に見ゆる。然し予〔私〕は、それもあったに相違なかろうが、征韓その事に大反対だったのだと信ずる。西郷を助けんために、自分の大切な身を捨てるまでに至った筈はない。日本を自身の双肩に荷いながら、死を決する筈はない。大久保は、実に死にたくないと彼の遺書中にいうておるではないか。それは日本というものがあるからである。死を決して参議の職に就いたのも、日本のためを思うたからである。左に、その意見書の大部と遺書の全文を載する。

人気は西郷に在って、大久保にはあまりない。そんなことはどうでもよいが、大久保は楷書で在る。おもしろ味は少ない。専門家でなくちゃ味えぬ。また能楽に比すべきである。大衆には味えぬ、観るのにも骨が折れる。静かに味わねば味はわからぬ。但し、味い得ればその味は無量である。

遺書 ―― 在米の二人の子に宛てたるものなるべし

拙者事、丁卯の年御一新之際に当り聊微力を尽し候廉を以て誠に分外に御抜擢を蒙り参議大蔵卿を経歴し重ねて今般参議拝命致候実以て恐惶至極之仕合に候、全体此度は深慮有之何く迄も辞退の決心に候処即今形勢内外不可言之困難皇国安危に関係するの秋と被察然るに此難を逃げ候様の訳に相当り候ても本懐にあらず且譾劣之一身上進退之事を以て国家之大事遷延相成候様にても多罪を重候儀と愚考致断然当職拝命此難に斃れて以て無量の天恩に報答奉らんと一決致候、然りといへども全国前途之目的を以て論じ候時は小子の存慮目前之事故を以て一朝にして軽挙するの意に非ず、十年乃至二十年を期しにて大に為す事あらんとす凡国家の事は深謀遠慮自然之機に投じて図るに非ざれば為す事能はざるや必せり、由て今安んじて地下に瞑するに至らず候得共拝命前熟慮に及び此難小子に非ざれば外に其任なく残念ながら決心いたし候事に候、乍去小子天恩を負載候事は実に不容易次第殊に明世之時に遭遇し身後之面目何事か之に如かんや小子一身上に於ては一点之思残候事無之候只企望する処は小子憂国之微志を貫徹して各憤発勉強心を正し知見を開き有用之人物となりて国之為め尽力して小子が余罪を補ひ候様心掛可被申候彦之進殿伸熊殿は米国に在て勉学未だ二か年にみたず候得共其成進人に後不申候由追々帰朝の人々より伝承小子が歓び意外に在り此上愈以て精励成業可致候小子が事変を聞て外国に在るは可驚候得共小子が膝下に居候ても姑息を以て歓とする事なし（以下欠）

【私は、慶應三年の御一新の際にいささか微力を尽くしたという理由で、誠に分に過ぎたご抜擢をいただき、参議大蔵卿を歴任し、重ねて今回また参議を拝命致しましたのは、誠に恐縮至極の運ぐり合わせであります。もともと今度は深く考えるところあり何処までも参議はお受けしない決心でありました処、現在の形勢は内外とも言語に絶する困難にて皇国日本の安危に関わる時期と察せられ、この困難から逃げ出すような訳になるのも本意ではなく、且つ取るに足らぬ自分の一身上の進退のことで国家の大事が遷延することになるようでも罪を重ねることと考え、断然この参議の職を拝命し、この難に命を捨てて宏大な天恩に報い奉ろうと決意しました。そうであっても、全国前途の目的から論ずる時は、私の存念は、目前の事柄の故に急に軽々しい行動に出るという意味ではなく、十年ないし二十年先を考えて大いに事を為そうとするものであります。国家の事というものは、深謀遠慮、自然の潮時に合わせて企てるのでなければ、成功できないことは決り切っています。ですから今安心して死ぬ気持には成りませんが、参議拝命前に熟慮を重ね、この難事は私以外には他にそれに当れる人は無く、残念ながら決心した次第であります。然しながら、私が天恩を蒙っておることは実に大変なもので、殊に明君の世に遭遇し、死後の面目などこれには及びもつきません。私の一身上においては、一点の思い残すこともありません。ただ希望するところは、私の憂国の微志を貫徹して、各々発憤勉強し、心を正し、知見を開き、有用の人物となって国のため尽力して、私の余罪を補うよう心がけて下さい。彦之進殿〔長男大久保利和〕、伸熊殿〔次男牧野伸顯〕は、米国に在って勉学は未だ二ヵ年に満たないに拘らず、その成績進歩は他人に後れは取っていない由を、次々と帰朝する人々から承り、私の喜びは殊の外であります。この上は、愈々もって精励し学業を達成して下さい。私の変事〔死〕を外国で聞けば驚くでしょうが、私の膝下にいてもその場限りのことですから歓ぶには当りません。（以下欠）】

意見書 —— 三条岩倉に示したるものなるべし

凡そ国家を経略し其境土人民を保守するには深慮遠謀なかる可らず、故に進取退守は必ず其機を見て動き其不可を見て止む、耻ありといへども忍び、義ありといへども取らず。是れ其軽重を量り、時勢を鑑み、大に期する所以なり。今般朝鮮遣使の議あり、未だ俄に行ふべからずとせし者は、其宜く鑑み度るべきものあるを以てなり。故に其旨趣を左に、

第一条

皇上の至徳に依り天運を挽回し非常の功業を建て今日の盛を致すと雖御親政日尚浅く政府の基礎未だ確立せず、且一旦にして藩を廃し県を置く等実に古今稀少の大変革にして、今日都下の形体を以て臆見する時は既にその事業結尾に至るが如しといへども、四方辺隅に至ては又之が為め所を失ひ産を奪はれ大に不平を抱くの徒実に少からず。然りといへども政府の基礎に於て未曾て甚しき変動なくまた鎮台等の設ありて之に備ふる厳なる故に、鼻息を屏めて隙を窺ひ未だ重大の患難を生ずることなしと雖若し乗ずべきの間あらば、一旦不慮の変を生ずるも亦測るべからず。然るに、只眼前其形なきを以て既

に憂ふるに足らずとし、後患を思ふことを忘るべからず。且維新以来新令多く下り旧法全く変ずる者不尠して全国の人心未だ安堵に至らず、常に疑懼を懐き一令下れば俄に能く其趣旨を了解する能はず。殆んど路傍に方向を失するの観あり、則一昨年より今歳に至るまで或は布令の意を誤解し或は租税の増加せん事を疑ひ辺隅の頑民容易に鼓舞煽動され騒動を起すにより、止を得ずして鮮血を地に注げる事既にいくばくぞや、是れ実に能く慮るべき所のものにして、未俄に朝鮮の役を起すべからずとする所以の一なり。

【今上陛下の至徳によって天命を回復し、非常の功業を建て、今日の隆盛を招いたとはいうものの、天皇の御親政になって日なお浅く、政治の基礎は未だ確立しておりません。且つ一朝にして藩を廃し県を置く等、古今稀に見る大変革であり、今日首都の状況から推し量れば、既にこの事業も完結するに至っているが如くであるとはいっても、国の四方辺隅の地においては、この事業のために生活の場を失い、財産を奪われ、大いに不平を抱く人間が誠に少くありません。そうは申しましても、政府の基礎には未だ曾つて甚だしい変動はなく、また鎮台なども設置されて変事への備えも厳重であるので、不平の徒は、息を屏めて隙を窺っているだけで未だ重大な患うべき事態を惹起することがないとはいえ、もし乗ずる隙があれば、突然意外な変事を惹起することも測りがたいのであります。然るに、ただ目前にその様子がないことから、もう心配はないとして、後日の患いに思いを致すことを忘れてはなりません。且つ維新以来新しい法令が数多く布かれ、旧法が全く変ってしまったものも少くなく、全国の人心は未だ安堵するに至らず、人民は常に疑い恐れる気持を懐き、一つの法令が下されても急には能くその趣旨を了解できません。ほとんど道端に立って方角が分らなくなっている人間の観があります。則ち一昨年から今年に至るまでに、或いは布告された法令の趣意を誤解し、或いは血税が増加するのではないかと疑い、辺隅の頑迷な人民が、容易に鼓舞煽動されて騒擾を起したため、已むを得ず鎮圧のため流血を敢えてしたこと、既に何回ありましたか。これ実によくよく考慮すべき処でありまして、未だ俄かに朝鮮の役を起してはならないという理由の第一であります。】

第二条は、日本の財政の状況を示す。第三条、産業を起し少し芽を出しかけたるもあり外征の為め挫折せらるる時は非常にあとなるを憂ふる旨を述ぶ。第四条、輸出入の不平衡の金貨外に流出す。第五条、日本朝鮮と戦はば魯〔ロシア〕、英は漁夫の利を得べし。第六条、外債を募るべきは英国なり。日本既に負債あり、償却を怠る時は干渉せらる。

第七条

我国欧米各国と既に結びたる条約は不平等のものにして独立国の体面を傷くること少からず。且つ経済上の不利少からず、加之英仏の如きは我内政未だ斉整せずして、彼の国民を保護する能はずとして、現に陸上に兵営を構へ兵を屯せしめ我国を視ること属国の如く、国辱の甚しきものなり。之をしも忍ぶべくんば何をか忍ぶべからざらん、条約改正の急にせざるべからざる所以なり、然るに改正の期既に近し、之が方略を立てざる可けんや。是れ急中の急なり。朝鮮の役起すべからずとするの七なり。

朝鮮の傲慢無礼黙視すべからずとする者あれども、未だ兵を出して之を征するに明かなる名義なきを以て、今般特に使節を派し其接遇の情形に従っては即ち征討の師を起さんとす。然るに輓今彼国が我国に接し又米国の使節に対したる所為を見るに、其接遇の好きを期す可からざるや必せり、故に使節を発せんとせば先づ開戦の説を決せざるを得ず。朝鮮の我国を侮慢するや忍ぶ可らずとする論ありと雖、今般遣使の議の由て起る所以を察するに、今特命の使節を派し其接遇傲慢無礼以て兵端を開くに確然たる名義を与ふることあらば、則ち征討の師を出し其罪を問ふべしとするの意に似たり。果して然らば、既に今日に於て已むを得ざるの理由ありて此役を起さんとするに非ざるや固より明かなり、然るに今国家の安危を顧みず、人民の利害を計らず、好んで事変を起し敢て進退取捨するの機を審にせざるは実に了解す可らざる所にして、以て此役を起すの議を肯んぜざる所以なり。

【我国が欧米各国と既に締結した条約は、不平等のものであって、独立国の体面を傷けること少なくありません。且つまた経済上の不利益も少なくないのみならず、イギリス、フランスの如きは、我国の内政が未だ整っておらず、自国民を保護し得ないとして、現に陸上に兵営を置いて兵隊を駐屯させており、我国をまるで属国視しているのは、国辱も甚だしいものであります。これでさえも忍ぶべきであるならば、何を忍ぶべからずとなし得ましょうか。条約改正を緊急にしなくてはならない訳がこれでありまする。然るに改正の時期は既に近づいております、これに対する方策を立てなくてはなりません。これこそ急を要する中で最も急を要する事項であります。朝鮮の役など起こしてはならないという第七の理由であります。

朝鮮の傲慢無礼を黙視してはならぬとする者もありますが、未だ出兵してこれを征討する大義名分がないので、今回特使を派遣して朝鮮側のもてなし方によっては、征討の軍を起こそうというのであります。然るに、最近あの国が我国に接し、また米国の使節に対してした所為を見れば、その丁重なもてなしを期待できないことは分りきっております。それ故、使節を出そうとすれば、先づ開戦の説を決定せざるを得ません。朝鮮が我国を侮慢するのは我慢できないとする議論があるとはいっても、今回の使節派遣の議論が起ってきた訳を考察するに、今特命の使節を派遣し、これに対するもてなし方が傲慢無礼だし、これをもって戦端を開くはっきりした名義とすることがあれば、征討の師を発しその罪を問えという意見に似ています。もしそうであれば、既に今日において已むを得ない理由によってこの戦いを起そうとするものであろことは、勿論明白であります。然るに今国家のも安危を顧ず、人民の利害を許らず、好んで事件を起し、敢えて進取と退守を取捨すべき機を審らかにしようとしないのは、実に了解し得ないことでありまして、この役を起すという議を納得できない訳であります。】

西郷は乱を外に移すをもって外征の理由の一とす。然るに大久保は外征は内乱の機なるを恐れるのであって正反対のようなれども、西郷は旧兵隊の乱を起さんことを憂え、大久保は人民一般の蜂起を恐るるのである。当時の事情を審かにせぬ予輩は、何ともいいようがない。

七、征韓論の影響

影響は種々の観点から取扱うことが出来る。思想の点から取扱うことも出来る。また政治的権力の所在から見ることも出来る。まだまだ他の観点からすることも不可能ではあるまい。

政治的権力の所在から見て、先づその帰着点をいうならば、世に所謂藩閥の崩壊である。征韓論に依って、藩閥に亀裂を生じた。西郷、大久保が、大体において同心協力してやっていたら、藩閥はもう暫くはビクともしなかったことは疑いない。

ここでちょいと断って置きたいことは、この閥の字のことだ。字義はどうか知らぬが、

「ばつ」といえば「私」的権勢に聞こえるから、なるべく使いたくない。「私」の有無をば、唯〔この〕一字で断じたくない。私閥も公閥もあるという心持をもって、予〔私〕はこれを用いているのだと承知して貰いたい。

さて、征韓論がなかったら、あの時西郷は死ななかった。十年の乱〔西南の役〕がなかったら、大久保はまだ後まで生きていた。大久保の睨みがきいておれば、大隈は藩閥政府の従順な臣僕たることをやめなかった。北海道官有物の払下げは、政界の問題とはならなかった。薩摩は十年の乱によって多くの有為の材を失った。惜しい武人を失いまた何事にも役に立つ人物を失ったのみならず、薩の士族が貧乏になった。大隈は、征韓論の時は、江藤の誘引に応じなかったが、十年を出でずして、江藤の志の一部を達成すべき基礎を建設した。この外にも藩閥を弱める事件が色々起った。

征韓論は、洋行者と非洋行者間の争いのように見える。然し西洋風を採用するか、せぬかの争いではなかった。西洋を見た者は、外征等に力を入れる時でない、内政を整え力を養うことを急務とせねばならぬとの考えになったから、あんな結果になったのである。事件そのことの真相には関係がない。この観点からすると、征韓論は異分子を排除せしめたといえる。それで洋行者は、顧慮する処なくその所信を実行することになって、決定的に欧化主義となった観がある。西郷の如き人物が居れば、居るばかりで遠慮する。顧慮遠慮の有るのと無いのとは、その結果は重大である。西郷が九州の果てに居るばかりでも、存分にやれぬが、西郷がいなくなって、顧慮するところなく新式を行った。意識してそうしたのではなく、自然にそうなったのである。

台湾征伐は征韓論の影響とはいえぬが、征韓論がなかったら、出兵せずして、談判折衝で、どうにかなったろう。佐賀の乱やその他色々の事が起って、大久保は寸暇がない。そこで遂に出兵することになって仕舞ったのである。木戸は大久保を責めて、征韓論に対するのと終始一貫せぬではないかといったけれども、もしどんな事があっても、出兵せぬとしたら、薩摩には十年を待たずして何か起ったに相違ない。〔西郷〕従道はそこを能く狙った。それ故誰が何といっても、兵を出したのである。もし薩摩が起ったらこれに応ずる者が多かった。そうなれば大変だった。それ故大久保は、已むを得ず、ぜひ引き止めようとしなかった。十分には手を尽さなかったのである。

西郷が亡んで、岩倉、大久保を中心とする政治遂行の障礙物は全く無くなったのである。即ち異分子排除の完成であった。計画した事では勿論ないが、自然そんな結果になったのである。朝鮮に関しては、その後西郷の考えた通りには運ばなかった。他の行き方でもって偶然修好の目的が達せられた。西郷はこれを鹿児島から見ていて、不満足であったと見える。但しその後大陸経略は実行された。西郷はこんな風にやる考えであったろうか。今日西郷を地下より起して、朝鮮、支那〔中国〕、満州を巡行せしめたら、何と評するだろうか、どんな顔をするだろうか。

その後、西洋風の政治のやり方を極端まで真似をした。思想も欧米式のものが大いに入って来た。そうしてまた産業も起り、富も出来た。兵もまた強くなった。維新当初の理想とした富国強兵は、今や立派に達成せられたといってよい。同時に大陸へも大いに発展した。皆の望みが公平に実現された訳だが、そうなると、また、別の心配も出来て来る。（終り）

【附録】明治初年の「征韓論」に至る歴史的背景

――秀吉の「朝鮮征伐」と徳川幕府成立以後の日本と朝鮮の外交関係――

目次

Ⅲ　明治維新後の新政府の対朝鮮外交

1　対馬藩を通ずる開国交渉と日朝間の軋轢

2　明治政府の対朝鮮直接交渉と「征韓論」の台頭

Ⅰ　豊臣秀吉の「朝鮮征伐」

九州を平定した豊臣秀吉は、天正十七年（一五八九）十月、天下統一へ向けて北条氏を討つべく軍令（小田原攻め）を諸将に発したが、その同じ月に、対馬の宗義智に対し朝鮮に使いして来貢服属を要求するよう命じた。朝鮮との国交・交易に深く係わって来た宗氏は、この高圧的な入朝要求の伝達に悩んだあげく、この要求をすりかえて朝鮮国王に対する秀吉の天下統一祝賀の使節派遣の要請として交渉した結果、翌天正十八年（一五九〇）十月、朝鮮使節が宗義智の先導で来朝し、秀吉はこれを聚落第で引見した。

朝鮮使節を服属の使節と受取った秀吉は、これに「征明計画」を示し、「仮道入明」（日本の征明軍の朝鮮国内の進軍援助）と「征明嚮導」（日本軍の明国侵攻に当っての朝鮮軍の先導）を命ずる返書を与えた。窮地に立った宗義智は、天正十九年（一五九一）六月に、帰国する朝鮮使節に重臣を同行させ、朝鮮側に「仮道入明」の受諾を説得させたが、朝鮮国王は、秀吉へ返書を送り、そのなかで秀吉への服属とその「征明」への加担を拒否した。この返書を受けて、秀吉は、同年九月二十四日、「征明」の決定を布告し（その手始めは「朝鮮の征服」）、翌年三月を出征の時と定め、出征軍の本拠として肥前名護屋城を築かせると同時に、諸大名に軍備の増強を命じた。

1　文禄の役

文禄元年（一五九二）正月に征韓諸将を部署した秀吉は、三月十三日諸将の朝鮮への出征を令し、自らも京を発して四月二十五日に名護屋の本営に入った。かくして、いわゆる「朝鮮征伐」第一次の「文禄の役」が始るが、十六万の征韓部隊は忽ちにして首都漢城（ソウル）を陥れ一時は朝鮮のほぼ全域を占領するに至ったものの、占領軍の暴虐に対して民衆が立ち上がり——農民を筆頭に、下級官吏、知識層や僧侶に至るまで——組織的抵抗を拡げ、明国の援軍も参加したので、日本の征韓部隊はソウル以南に後退した。更に李舜臣の率いる朝鮮水軍が日本水軍に壊滅的打撃を与えて制海権を握り、日本の陸上部隊への補給路を断ち切ったので、陸上部隊は抵抗と飢餓に苦しむことになった。

文禄二年（一五九三）四月、日本軍からの和議申入れに対し明軍は講和使を送ることとしたが、これを名護屋に迎えた秀吉は、無理難題の和議条件――明皇室から天皇の后を出せ、朝鮮南部四道を割譲せよ、捕えた朝鮮二王子の返還に代る人質を出せ、明は勘合（国交・貿易）を認めよ、等々――を示す一方、和議で休戦状況のなかであるにも拘らず、講和を有利に導く目的で晋州城の攻撃陥落を密かに命じ、九万余の日本軍が総攻撃を行い城内の朝鮮民衆までを含めた七万人を虐殺したので、明軍が南下して朝鮮軍と連合して対峙の態勢に入った。そして明の講和使が秀吉の示した和議条件の報告のために帰国した後、戦線は膠着状態となった。

朝鮮国王は徹底抗戦を望んだが、外交権は宗主国の明国皇帝にあり、日本と明国の間の和議をめぐる折衝は延々と続き、最終的に明の神宗の正使が来日し、大坂城において秀吉の接見を受けたのは、三年半後の慶長元年（一五九六）九月一日であった。明の国書は、秀吉の期待を裏切り、秀吉の出した条件は一切認めず、有名な「爾ヲ封ジテ日本国王ト為ス」という日本国王の称号の授与のみであった。この明国皇帝の国書の言辞に激怒した秀吉は、明の使者を逐い、「再征」のことを議した。

2　慶長の役

慶長二年（一五九七）一月一日、秀吉は再征を令した。「朝鮮征伐」第二次の「慶長の役」の開始である。「文禄の役」と同じく小西行長、加藤清正の率いる第一軍、第二軍を始めとして十二万余の大軍が次々に名護屋を発して渡海した。朝鮮南部沿岸に駐留の二万三千の部隊を合して十四万を上廻る日本軍は、朝鮮南部の領土化を狙って北進を急がなかったが、八月に入って首都を目指して北上を開始したものの、朝鮮民衆の非正規部隊の抵抗や明・朝鮮連合軍の邀撃に阻止され、押し戻された。七月に朝鮮水軍を薮って制海権を握った日本水軍も、再度司令官に起用された李舜臣将軍――讒言により一兵卒に落されていた――の指揮する僅かな軍船の朝鮮水軍に大敗し、制海権を奪い返された。かくて海陸に敗れた日本軍は、撤退して南部沿岸に終結し、築いた城に立て籠り反撃の機会を狙う守勢の態勢を採るに至った――蔚山城（加藤清正）、梁山城（黒田長政）、昌原城（鍋島直茂）、泗川城（島津義弘）、順天城（小西行長）、南海城（宗義智）、固城城（毛利吉成）等。明の増援軍を得た朝鮮・明連合軍は大攻勢に転じ、十二月二十二日からの蔚山城攻囲戦では、窮地に陥った加藤清正等が翌慶長三年（一五九八）正月に救援に駆けつけた諸将のおかげで助けられたものの、九月を期しての総攻撃では、日本側が相互援助できぬよう諸城を分断して一挙に攻撃をかけた。必死に籠城戦を戦う諸将に、全軍釜山に集結して日本に引き揚げよとの命令が届いた。これは、日本で八月十八日に秀吉が死んだため、徳川家康、前田利家によって発せられた外征諸将に対する召還命令であった。そこで、諸将はそれぞれに惨憺たる撤収・逃亡戦を行いつつ辛うじて釜山に集結、十二月に入って漸く日本に辿り着いた。

この七年に及ぶ「朝鮮征伐」の名で呼ばれる秀吉の侵略戦争によって朝鮮が蒙った損害は、莫大な人命の犠牲、国土の荒廃、貴重な文化財の破壊、日本の征韓諸将によるそれ等文化財の強奪、多数の学者、技術者、職人達の日本への強制連行、等々、まことに計り知れないものがあった。かくて朝鮮側の日本に対する恨み、憎しみ、不信は深刻を極め、それは何世紀を経ても消えないものとなった。

Ⅱ　江戸時代における日本と朝鮮の修好関係

1　徳川家康による朝鮮との修好回復

秀吉の「朝鮮征伐」によって日本・朝鮮間の外交関係は断絶した。朝鮮との貿易をその経済的支えとして来た対馬の宗氏は、何とかして修好を回復しようとして交渉に乗出したが、朝鮮側は取り合おうとはしなかった。しかし、「朝鮮征伐」から五年を経た慶長九年（一六〇四）末になって、朝鮮側も宗氏の熱心な修好回復の求めに対し、漸く対馬へ使節を派遣して来た。これは、対馬島民の釜山貿易許可を報じ、合せて日本国内事情の偵察を目的としていたので、宗氏はこれを京都に案内した。すでに征夷大将軍に任ぜられ、慶長八年に李王朝へ国交回復を正式に要望した家康であるので、慶長十年（一六〇五）三月十九日、喜んで秀忠とともに使節を伏見城において接見し、徳川軍の一兵も秀吉の朝鮮侵略軍に参加していないことを告げて、速やかな修好回復の希望を述べた。これによって、宗氏は両国通信のことに当るよう命ぜられ、以後宗氏が代々これを管掌することとなった。

翌慶長十一年（一六〇六）七月に対馬の宗氏に届けられた朝鮮側の回答は（1）国交を願う家康の方から先づ国書を送ってくること、（2）戦争中に朝鮮国王の陵墓を荒らした犯人を引き渡すこと、の二条件が容れられれば、「相報の道」は開かれるであろう、というものであった。修好回復を焦る宗氏は、十一月に、家康の「謝罪の国書」を偽造して送るとともに、対馬島内の死刑囚を「王陵荒らし」の犯人に仕立てて引き渡したが、朝鮮側も、この対馬の工作を知りながら、戦争中に日本に拉致された沢山の人間の帰国問題の解決を考慮して、これに乗り、日本への使節団の派遣を決定した。慶長十二年（一六〇七）正月、呂祐吉を団長とする総勢四六七名に上る朝鮮の大使節団が派遣され、三月宗義智の護衛・同道のもとに対馬を発し、閏四月に江戸に入り、更に帰途五月二十日駿府で家康に謁し、拉致された同胞一四〇〇名を連れて七月に帰国した。

右の第一回の朝鮮使節団（回答使兼刷還使）の「国書」には、返書として「奏復」の書出しで、「貴国は新しき政治を行い、前代の壬辰の変の過ちを謝罪してきた。云々」の文言が入っていたので、対馬藩は先の「国書」の偽造の暴露を恐れ、「奉書」の書出してにして内容を書き換えた。なお、このとき呂祐吉等が持ち帰った日本の「国書」には「日本国源秀忠」の署名があるのみで「日本国王」の称号がなかったので、朝鮮側では問題になった。

（この日本の「国書」の名義の問題は、足利将軍以来朝鮮国王に対して一貫して「日本国源某」と書いてきたが、朝鮮側は対等「日本国王」の名義を求めていた。徳川将軍としては、「日本国王」の称号が中国の被冊封国のイメージを持つこと、また天皇に対して憚られることからこれを用いなかったが、朝鮮側から「日本国王」と呼ばれることは放置した。しかし対馬藩は、元和三年渡来の第二回朝鮮使節団に渡した「国書」では、またも改竄して「源秀忠」を「日本国王」に変えた。この国書の改竄は、寛永十年（一六三三）、将軍家光の時代に、対馬藩の内紛から発覚し、幕政、外交上の大問題となったが、幕府は、藩主宗義成だけは処罰せず、その幕府への忠誠、朝鮮外交への尽力の誓詞を差出させて事を納めた。そして、家光政権は、将軍の称号として「大君」を設定した。

既述のごとく、対馬藩は、朝鮮との外交儀礼と貿易の仲介を、徳川幕府によって義務づけられた。対馬へは外交上の案件を協議するために朝鮮の訳官使が派遣される一方、対馬藩からは、藩使節や、幕府の意向による臨時の参判使が朝鮮に送られた。但し、日本側の使節は王都漢城に行くことは絶対に許可されず、すべて釜山止りで、ここで東莱府使によって応接を受けた（これは、かつて室町時代の日本使節が通った道をなぞるようにして秀吉派遣軍が王都に攻め込んだため、日本人に朝鮮国内を見せるのは危険という抜き難い対日不信感を朝鮮側に植えつけたことに基く）。しかし、李王朝は、外交・貿易の実務を行う対馬藩のために、特別の港と公使館兼商社ともいうべき草梁倭館（十万坪、長崎の出島の二十五倍）を釜山港に設けた。倭館は、嘗ては首都漢城と浦所に置かれていた客館であったが、文禄・慶長の役により閉鎖され、次に述べる「己酉約条」の際に、釜山一ヵ所だけが日本人に対して認められたものである。

慶長十四年（一六〇九）五月に至り「己酉約条」（「慶長条約」）が成立した。これは朝鮮側が対馬島主宗義智に与えた通交貿易上の諸規定であり、対馬藩を仲介とする外交・貿易の実務はこれに基いて行われる訳で、これにより日本と朝鮮の通交関係は常態を回復した。この「己酉約条」は、それ以前に対馬と朝鮮間に存在した数次の「約条」の継承でもあるが、主なる内容としては、

（1）対馬島主に米豆百石を下賜すること（以前は二百石、従って半減）。

（2）日本との貿易は、国王使（将軍の使者）、島主（宗氏）、対馬島の受職人（対馬藩の重臣柳川氏など朝鮮国王から官位を与えられた者）の使節船（歳遣船）だけに許されること。

（3）島主歳遣船（実際には、すべて対馬藩の宗氏に纏めて委任されることになった貿

易船）は、戦前の年間三十隻から、年間二十隻に減ぜられ、島主特送船三隻に限定すること。

秀吉の侵略のために、公貿易における年間の貿易船派遣隻数が減らされたので、対馬藩は、嘗て認められていた幾つかの藩使節の復活を策したりして、私貿易の拡大を図った。いずれにしても、復活した対朝鮮貿易の基地となったのは、前記の釜山の「倭館」（草梁倭館）であり、それは朝鮮における唯一の日本人居留地でもあった。この点は明治維新に至るまで変ることがなかった。

2　回答使兼刷還使、朝鮮通信使の来日状況

慶長十二年（一六〇七）の大使節団の来日を第一回とし、元和三年（一六一七）に第二回、寛永元年（一六二四）に第三回の使節団の来訪があったが、この三回の使節団の名称は「回答使兼刷還使」といった。これは、日本の国書に返答し、俘虜を祖国に連れ帰るという目的から来るもので、第一回使節団が一四一八人、第二回が三二一人、第三回が一四六人の

俘虜を連れ帰っている。

因みに、前記以前にも、戦後間もなく、家康の意を受けた対馬藩主が俘虜を集めて送還しているが、その数は慶長五年（一六〇〇）に百数十人、同六年（一六〇一）に二五〇人、同十年（一六〇五）に一三九〇人に上る。しかし秀吉軍により日本に拉致されて来た俘虜は数十万ともいわれ、島津藩の薩摩焼、福岡藩の上野焼、毛利藩の萩焼、熊本藩の小代焼や高田焼、佐賀藩の伊万里焼、有田焼等を生み出した陶工たちのように帰国を阻まれた人たちの例は余りに有名であるが、その他、南蛮に奴隷として売り飛ばされた者も含め、大変な数に上る人びとが望郷の念を抱いて苦しい日々を送っていたことは間違いなく、前記の使節団によって祖国に帰還できたのは、数少ない幸運な人びとに属していた。

寛永十三年（一六三六）に派遣されて来た第四回目の使節団から誠信を通じ合うという意味の「朝鮮通信使」という名称に変り、朝鮮国の国書においても将軍に対し「日本国王」に代り「日本国大君」の称号が使用されてるようになった。この時以後、両国善隣友好のための「朝鮮通信使」は次の通り九次に及び、使節団の来日は第一回目から数えると通算十二回に達した。

第一回刷還使――慶長十二年（一六〇七）・総勢四六七名・修好、回答兼刷還
第二回刷還使――元和　三年（一六一七）・総勢四二八名・大坂平定祝賀、回答兼刷還
第三回刷還使――寛永　元年（一六二四）・総勢三〇〇名・家光襲職祝賀、回答兼刷還
第一次通信使――寛永十三年（一六三六）・総勢四七五名・泰平祝賀
第二次通信使――寛永二十年（一六四三）・総勢四六二名・家綱誕生祝賀、日光山致祭
第三次通信使――明暦　元年（一六五五）・総勢四八八名・家綱襲職祝賀、日光山致祭
第四次通信使――天和　二年（一六八二）・総勢四七五名・綱吉襲職祝賀
第五次通信使――正徳　元年（一七一一）・総勢五〇〇名・家宣襲職祝賀
第六次通信使――享保　四年（一七一九）・総勢四七五名・吉宗襲職祝賀
第七次通信使――寛延　元年（一七四八）・総勢四七五名・家重襲職祝賀
第八次通信使――明和　元年（一七六四）・総勢四七二名・家治襲職祝賀
第九次通信使――文化　八年（一八一一）・総勢三三六名・家斉襲職祝賀

このように、徳川将軍の代替わりを機に朝鮮は使節団を派遣し来たり、これに対し幕府も

李氏朝鮮の新国王即位の祝賀使節を派遣するという関係は、二百数十年に亙って続き、その友好使節の交換は、両国の文化やその他の諸方面の発展に極めて寄与した。鎖国下にあった日本としては、正式の外交関係を持った唯一の国が朝鮮だったのである。（朝鮮以外の中国、ポルトガル、オランダ、イギリスとの関係は、通商関係に止まっていた。）

3　朝鮮通信使の廃止と日朝関係の疎遠化

一八世紀末まで、徳川幕府の朝鮮使節団に対する歓迎は国家的規模のすこぶる盛大なものであった。しかし、一八世紀末ごろから、朝鮮通信使の歓迎が盛大に過ぎることは国家の威信上問題であるとの声が高くなった（一部の学者の日本書紀的史観――「朝鮮はもと我が朝貢国であった」――に基く提唱）し、また幕藩体制の経済的破綻により使節歓迎のための莫大な費用の捻出が幕府・諸藩ともに困難となってきたこともあり、文化八年（一八一一）の最後の通信使については、江戸に迎えず、江戸から接伴使を派遣して対馬でこれを応接し国書を交わすという略式の招聘となった。老中松平定信が「財政上の困難」を理由に決定したものである。この第九次通信使（通算十二回目の使節）をもって朝鮮通信使は廃止となった。

上記の威信云々については、既に六代将軍家宣の時に幕府の執政となった新井白石が、朝鮮通信使の接遇をめぐって問題を取り上げている。正式の朝鮮通信使（寛永元年第三回使節）以来、国書において将軍を「日本国大君」と称してきたのを、白石は、正徳元年の通信使の国書には「日本国王」に変えるよう要求して、これを認めさせた。それは、「大君」は朝鮮では王子達の称号であるので、「日本国大君」は朝鮮国王の臣下の如くで不適当であり、天皇が中国皇帝に相等するなら、征夷大将軍を「日本国王」とすれば朝鮮国王と同格であるし、室町時代の先例もある……というにあった。白石は、同時に幕府の朝鮮通信使の接遇を簡素化する改革も行っている。この称号問題とその背後にある朝鮮に対する日本の優越を求める国家主義は、維新後明治政府の国書が朝鮮側によって受け取りを拒否されるという問題を惹起する一因となるにいたる。

一九世紀に入って幕府の財政難は更に厳しいものとなってゆくが、対馬藩のために、朝鮮から「朝鮮人参や生糸等を手に入れる為」の純度の高い良質の銀貨が特別に鋳造されるというように、幕府は、対馬藩を通じて朝鮮との貿易と国交を何とかして維持しようと特例の措置を執った位である。日本と朝鮮との関係はしだいに疎遠化して行くが、基本的には幕末まで両者の間の交流は続いた。

Ⅲ　明治維新後の新政府の対朝鮮外交

1　対馬藩を通ずる開国交渉と日朝間の軋轢

慶應三年（一八六七）に入って、正月九日の新帝（明治天皇）の践祚、十月の将軍徳川慶喜の大政奉還、十二月の王政復古の大号令の渙発と、情勢は、徳川封建体制の覆滅へ急速に動き出し、翌慶應四年（一八六八）正月早々の鳥羽伏見の戦（戊辰戦争の発端）に続く慶喜追討令、旧幕領の直轄領化を経て、早くも十五日には、新政府各国に対して王政復古を通告、また外国との和親を国内に布告した。そして、東征軍が江戸に迫り、西郷隆盛と勝海舟の会談において江戸無血開城の諒解が成立した翌日（三月十四日）、新政府は「五ヵ条の御誓文」を発し、閏四月二十一日には政体書を制定して七官両局の制を定め、奥羽戦争を戦いつつ新しい政治体制の基礎作りを進めた。九月八日には慶應を明治と改元して一世一元の制を定め、十月江戸城を皇居として東京城と改称し、東京遷都に備えた。

新政府は、早くも慶應四年三月二十三日付で、対馬藩主宗義達に御沙汰書を下し、対朝鮮外交をこれまで通り家役として担当せよと命じ、また国家の外交権が天皇に移り朝鮮関係についても今後命令はすべて朝廷から出ることになる旨を朝鮮国に伝達せよと命じた。宗義達は、四月六日付で朝鮮外交に関する建議を行い、朝鮮との外交貿易の任を負うには大藩でなければならず、通信使は簡素化して頻繁にすべしと具申したが、新政府は、六月二十二日、対馬藩に対して、王政復古を通告するだけを命じ、家役の扶持や外交の礼式への対処は天下平定後に沙汰するとした。

ここで、明治維新に至るまでの日朝関係における対馬藩の役割、立場について触れて置こう。対馬は穀類も自給し得ない狭い島国で、漁業と朝鮮に近いロケーションを利しての朝鮮貿易によって中世以来その経済を支えて来た国であり、貿易・外交の仲介役を勤めたことで朝鮮から扶持米すら授けられていた。従って対馬は、自らの存立にとり死活的重要性を持つものとして渇望し、徳川時代に入るや、その希望達成のためには家康の「国書」の偽造をも敢えてした位であった。そして家康の熱意で朝鮮との修好回復が実現すると、対馬藩は幕府から朝鮮との外交儀礼と貿易の仲介を義務づけられた。対馬藩主宗氏の家役は、朝鮮外交と「朝鮮押さえ」の軍役で、この家役を果たすために、この一小藩の領主が十万石の大名の格式をみとめてられ、知行の不足は対朝鮮貿易の利潤で補うことを「知行同然」といして認められた。

このように、日本と朝鮮との外交・通商の問題は、伝統的に対馬藩が中間に介在して、先例を尊重しつつ処理してきたのであり、朝鮮側もこの慣行を守って行く意志は固かったといえる。明治新政府が、対馬藩主に命じて「王政復古」の通告を行わせた内容がこの慣行と異るものであったことが、問題をこじらせ、潜在していた日本側の「征韓論」に火を点ずることになったといってよい。

明治元年十二月十四日の「木戸孝允日記」には、彼が右大臣岩倉具視の外交政策に関する下問に答えて次の具申を行ったことが記されている。

「速やかに天下の方向を一定し、使節を朝鮮に遣し、彼の無礼を問ひ、彼若不服の時は鳴罪攻撃し、其他大いに神州の威を伸長せん事を願う。然る時は天下の陋習忽ち一変して遠く海外へ目的を定め、随て百芸器械等真に実事に相進む。」

既に新政府発足早々、首脳の一人である木戸孝允によって「征韓」が主張されていたことは注目に値するが、宗義達が、前記の新政府の命令に従って、家老樋口鉄四郎を明治政府の使節（大差使）として朝鮮に派遣したのが、木戸の具申と時を同じくした十二月のことであった。

宗義達から「国書」と義達自身の書翰（副翰）を託された樋口鉄四郎は、一行三十余名を連れて釜山に渡り、東莱府使にこれらを届けたが、朝鮮側は、国書、副翰ともに文言に問題あり、使用の印章も朝鮮国が対馬藩に渡してあるものを他のものに変更しており、日本は慣例を一方的に変更しているとして、中央政府に判断を仰ぐため、その公的な受理を拒否した。

問題にされた文言とは、日本側の国書、副翰に使われている「皇上」、「勅」等の文字で、李氏朝鮮にとっては「皇」は宗主国たる中国（清）の皇帝のみ、また「勅」も中国皇帝の下す詔書以外に無く、日本がこれを使うのは無礼であり、受け入れることは出来ないというにある。更に朝鮮側は、徳川時代の日本の国書には「日本国大君」が使われたのに、「天皇」としての「皇」を使うのは、前例を破るものだとし、文書に使用の字句、印章を旧例通りに訂正するよう日本側に要求した。あれこれ往復の後、明治政府が朝鮮側の要求を拒否すると、大院君と朝鮮政府は、東莱府使をして日本側へ「国書」を突っ返させた。

この朝鮮側の態度の根底には、国威高揚の意気に燃える明治政府の下心――徳川氏が天皇の臣下であり天皇家の下位に立つので、必然的に「日本国大君」たる徳川将軍と同格の朝鮮国王も日本天皇の下位に立つことになる、この際、日本国内の関係を国外の朝鮮国王に押しつけたいという下心――を敏感に読み取る朝鮮側が、警戒心を募らせたことが存在していたとされている。いずれにしても、「国書」が突っ返されて来たのは、宗氏の派遣した使節――明治政府の大差使――の一行が釜山に到り、「国書」「副翰」を東莱府使に差し出してから、既に略々一年を経過した後であった。かくして、明治政府の内部には朝鮮に対する不満が急速に高まり始めた。

2　明治政府の対朝鮮直接交渉と「征韓論」の台頭

明治二年（一八六九）六月、対馬藩（厳原藩と改称）は、中央政府（外務省）に対し、対朝鮮折衝の行詰りを報告、これに対して、外務省は、同藩に事態打開の努力を促したが、一方で、対馬を仲介とする間接外交方式に捉われることは時代に逆行し日本の威信に関わると、外務省が直接折衝に乗出す意志を表明し、九月、外務省出仕佐田白茅、同斉藤栄、外務権小録森山茂の三名を派遣し、交渉を試みた。しかし、朝鮮側は取り合わず、三名は、日本人の内陸部立入り禁止のため、釜山の草梁館での情報収集しか出来ずに日本に引き揚げた。朝鮮側は、明治新政府の性格が不明であるとしてこれを信用せず、信用し得るは対馬の宗氏のみという態度に終始したためである。これを反映して三名の派遣外務官員の報告書には、武力を背景とする大使派遣が建議されていた。

明治三年（一八七〇）一月、太政官は、欽差大臣（天皇の使節）として木戸孝允を清国・朝鮮に派遣するための事前調査として外務省に、厳原藩の折衝状況と朝鮮の国情を調べさせた。その結果としての外務省の太政官への進言は、（1）木戸孝允、宗義達の正副使節を軍艦で派遣し、武力に訴えても李王朝に承諾させるか、（2）先づ朝鮮の宗主国たる清国と開国通商条約を結び、それを足場に朝鮮と条約を結ぶか――いずれかの策を採るべしというにあったので、太政官は（2）の策に従い、六月に外務大丞柳原前光を清国に派遣し通商交渉を開始させた。（柳原前光は、翌明治四年（一八七一）七月、対等の「日清修好条規」の締結に成功した。）

明治三年（一八七〇）十月になると、明治政府は、再び外務権小丞吉岡弘毅、権大録森山茂、外務省出仕広津弘信の三名を朝鮮に派遣して、本格的な開国交渉を命じた。しかし、朝鮮側はあくまでも対馬宗氏経由を主張して譲らず、吉岡等は草梁館に滞在すること一ヵ年余にして、何の成果も得ずに日本に引き揚げた。この滞在の最後の時期に、東莱府使は、明治政府の申出は国中の議を収めて回答すると答えたので、吉岡等がその回答時期を問うたところ、「大事なれば十年、その緊急なるは六、七年」との正式回答のため、朝鮮側に開国の意志のないことが判然としたのであった。

これ以後、朝鮮との交渉は一向に進まなかったが、外務省は敏腕の官吏を釜山の草梁館に貼り付けて情報収集に腐心し、朝鮮の政治上に少しでも異変あれば、それに乗じて交渉打開に持ち込もうと虎視眈々としていた。そして、何時までも日本の要求を拒み、鎖国政策を取り続ける朝鮮に、武力をもって無理やり開国させようという強硬意見が、政府部内に大きく台頭して来た。

先の三名の外務官員が日本に引き揚げて来たのと前後して、明治四年（一八七一）十月に、条約改正に向けて欧米列強との交渉・偵察のために、岩倉具視・大久保利通・木戸孝允・伊藤博文等新政府の重鎮を網羅した全権大使団の欧米派遣が決まり、一行は十一月十二日に横浜を出発した。留守政府の閣僚の中心は西郷隆盛であったが、後藤象二郎、板垣退助、江藤新平等も、西郷が自ら「訪韓使節」として朝鮮に渡り、「征韓」の圧力をもって朝鮮を開国させ通商に応じさせようという考えを支持した。西郷派の強い主張によって太政大臣三条実美も上奏に踏切り、新政府も、明治六年（一八七三）八月十七日に、一たんは朝鮮への使節派遣に関する案件を内定し、天皇もこれに賛成の意を示した。しかし、五月末に全権副使大久保利通が、七月下旬副使木戸孝允が、九月十三日に大使岩倉具視の一行が帰国したとき、これら非征韓派の巻返し（木戸孝允は、明治元年に早くも「征韓論」を唱えて朝鮮問題に火を付けた新政府の指導者であるが、欧米巡回中に大久保利通と意見を同じくするに至った）により、「征韓論」をめぐる一大政争が火を吹いた訳である。そして、結局西郷等の「征韓派」が敗れ去ったことは周知の通りである。

【筆者の略歴】

秋月左都夫（宮崎）
安政5.1.26.――昭和20.6.25.

＊高鍋藩士秋月種節（家老）の長男
＊妻は三島通庸の長女園子
＊実弟に元住友本社総理事鈴木馬左也あり

年		月	記事
明治 9	(1876)	7	司法省法学生徒
17	(1884)	7	司法省法学校法律全科卒・法学士
		〃	司法省御用掛・司法省第四課詰
		〃	司法省刑法局詰
18	(1885)	11	外務省官費留学生としてベルギーへ留学
23	(1890)	4	ベルギーにおいて公使館書記官の試験に及第・ドイツへ留学
24	(1891)	7	外務省試補・政務局勤務
25	(1982)	9	外務省参事官・通商局勤務
26	(1893)	2	ハワイ国へ差遣
		9	副領事
		11	二等領事
27	(1894)	1	文部省参事官
29	(1896)	4	一等領事・釜山在勤
		7	公使館二等書記官・朝鮮国在勤
31	(1898)	?	一等領事兼公使館二等書記官・京城在勤
32	(1899)	11	公使館一等書記官・フランス国在勤
33	(1900)	4	フランス国公使館着任
35	(1902)	2	ロシア国在勤
37	(1904)	4	帰朝
		6	特命全権公使・スウェーデン兼ノルウェー駐箚
		8	ストックホルム着任
40	(1907)	5	ベルギー駐箚
42	(1909)	11	特命全権大使・オーストリア駐箚
43	(1910)	4	オーストリア着任
大正 3	(1914)	6	依願免本官
4	(1915)	10	} 宮内省御用掛
6	(1917)	8	
6	(1917)	8	} 読売新聞社社長
8	(1919)	9	
10	(1921)	6	} 京城日報社社長
14	(1925)	?	

【備考】伝記として黒木勇吉編『秋月左都夫――その生涯と文藻』（昭和47年刊）あり。